Henning Köhler

Von ängstlichen, traurigen und unruhigen Kindern

Henning Köhler

Von ängstlichen, traurigen und unruhigen Kindern

Grundlagen einer spirituellen Erziehungspraxis

Verlag Freies Geistesleben

9. Auflage 2019

ⓔ auch als eBook erhältlich

Verlag Freies Geistesleben
Landhausstraße 82, 70190 Stuttgart
www.geistesleben.com

ISBN 978-3-7725-2726-5

Umschlaggestaltung: Bianca Bonfert unter
Verwendung eines Fotos von plainpicture/Canvass
Satz: Bianca Bonfert
Druck und Bindung: GGP Media GmbH, Pößneck
Printed in Germany

Inhalt

Vorwort zur achten Auflage

Mit bislang über dreißigtausend verkauften Exemplaren der deutschen Ausgabe und Übersetzungen in mehrere Sprachen fand keines meiner Bücher so viel Verbreitung wie dieses. Es ist eine Schrift aus der werkbiografischen Jugendzeit, das merkt man. Doch als allgemeinverständlicher Beitrag zur Sinneslehre sowie zu gewissen Einseitigkeiten des Verhaltens und der Entwicklung, die auf Unsicherheiten im basalen Sinnesfeld hindeuten, behält sie auch nach zwanzig Jahren ihre Berechtigung.

Neu war damals, was ich über die Zusammenhänge zwischen Sinnesreifung und sozial-emotionaler Entwicklung ausführte sowie darüber, dass Sinnespflege nicht zuletzt eine Frage der inneren Haltung des Pädagogen ist. Ich bezog unspezifische Ängste vornehmlich auf den Tastsinn, Unruhezustände und chronische Unzufriedenheit auf den Lebenssinn, Schwermut und Kontaktarmut auf den Bewegungssinn, extreme seelische Schwankungen («bipolare Störungen» sagt man heute) auf den Gleichgewichtssinn – nicht unbedingt kausal, doch in jedem Fall korrelativ. Mit dieser Grobeinteilung und den aus ihr abgeleiteten pädagogisch-therapeutischen Richtlinien zu arbeiten hat sich bewährt. Viele Rückmeldungen bestätigen das.

Je genauer man hinsieht, desto komplexer stellen sich die Dinge allerdings dar. Heute untergliedere ich jeden der basalen Sinne in drei Aspekte: den autoperzeptiv-körperbezogenen, den seelisch-kommunikativen und den spirituellen. Dabei gilt es zu berücksichtigen, wie im Kleinkindalter bestimmte Fähigkeiten des erkennenden Fühlens die basale Sinnesreifung beeinflussen. Der Eigenbewegungssinn zum Beispiel erfährt eine Verwandlung, wird auch «Mitbewegungssinn» durch seine enge

Beziehung zu dem angeborenen Auffassungsvermögen für das Musikalisch-Sprachliche. Vielleicht finde ich demnächst Zeit, etwas über diese Zusammenhänge schriftlich niederzulegen. Vorläufig müssen sich Interessierte mit einer dazu bereits andernorts publizierten Audio-Version begnügen.*

Nicht zuletzt erklärt sich der Erfolg des vorliegenden Buches wohl daraus, dass in ihm freimütig über Engel gesprochen wird, und zwar auf eine Art, die auch Menschen akzeptieren können, denen normalerweise nicht einfallen würde, dergleichen in Betracht zu ziehen. (Rezensionen im Netz belegen es.) Ich bitte allerdings, bezüglich des Engelwirkens das Vorwort zur fünften Auflage zu beachten.

Die «Brückenwächterübung» hat erstaunliche Kreise gezogen. Viele fanden in ihr eine Möglichkeit, Ohnmachtsgefühlen zu entrinnen; wieder Handelnde zu werden, als alle Handlungsmöglichkeiten ausgeschöpft schienen; besser gesagt: den Handlungsschauplatz zu verlagern; die innere Ebene der pädagogischen Beziehung zu eröffnen.

Frühjahr 2014 Henning Köhler

* *Pädagogische Sinneslehre Teil I und II*, Verlag Netzwerk Auditorium. Ich bin noch lange nicht fertig mit dem Thema. Man stößt im Verfolg dieser Dynamiken an Grenzen des Sagbaren, möchte nur noch poetisch sprechen. Der Hörer wird das bemerken.

Vorbemerkungen zur fünften Auflage

Vor sieben Jahren erschien dieses Buch. Mit bisher rund 20.000 verkauften Exemplaren und Übersetzungen in mehrere Sprachen (Niederländisch, Italienisch, Französisch, Englisch) kann es als bescheidener Erfolg bezeichnet werden. Viele sagen, keines von meinen Büchern habe eine so hohe praktische Relevanz. Dem kann ich nur bedingt zustimmen. Schließt man in den Praxisbegriff die Ebene des «inneren Handelns» ein – und das ist ein Kernanliegen der Anthroposophie –, liefern meine späteren Bücher *«Schwierige» Kinder gibt es nicht* und *Was haben wir nur falsch gemacht?* sicherlich mehr praktische Anregungen. Das sind Übungsbücher. Auch *Von ängstlichen, traurigen und unruhigen Kindern* ist schon teilweise ein Übungsbuch, vor allem jedoch ein allgemein verständlich gehaltenes Lehrbuch zur Sinnespädagogik und Sinnespsychologie. Als solches hat es, meine ich, einige neue Akzente gesetzt.

Alles, was zur Vertiefung der Sinneslehre vorgebracht wird, kann ohne Abstriche stehen bleiben. Hätte ich das Buch noch einmal zu schreiben, würde ich vielleicht noch einige Kapitel zur Sinnesphysiologie anfügen. Andererseits kann man die neurologischen Aspekte auch anderswo nachlesen, z.B. bei A. Jean Ayres, *Bausteine der kindlichen Entwicklung*. Es ist nur eben wichtig, bei solcher Lektüre immer im Blick zu behalten, dass die Dinge nicht im Lichte eines spirituellen Menschenbildes dargestellt werden. Es gehört zu den größten Täuschungen zu glauben, Tatsachen seien einfach Tatsachen. Erst die geistige Beleuchtung schafft Wirklichkeit. Was in der Sprache des neurobiologischen

Reduktionismus z.B. als propriozeptives System bezeichnet wird, entspricht dem Eigen- und Mitbewegungssinn der anthroposophischen Sinneslehre – und ist doch wieder etwas ganz anderes.

Ein besonderer Umstand muss noch hervorgehoben werden. Zwischen der Niederschrift dieses und des darauffolgenden Buches *«Schwierige» Kinder gibt es nicht* erlebte ich so etwas wie einen inneren Umbruch. Ich musste mich in meinem pädagogischen Sehen und Denken neu orientieren. Kurzzeitig geriet alles aus dem Gleis. Dann verdichtete sich eine Ahnung zur Gewissheit. Viele, sehr viele Kinder werden heute völlig zu Unrecht als gestört, krank, defizitär etc. etikettiert. Sie sind in Wahrheit hoch spirituell veranlagte Seelen. Jetzt erst ging mir auf, dass verschiedene Äußerungen Rudolf Steiners, die ich bislang nur beiläufig zur Kenntnis genommen und eher metaphorisch aufgefasst hatte, ganz konkret in diese Richtung deuteten.

Unter uns sind die neuen Kinder Zukunftsboten, Beauftragte. Was sie mitbringen und zu erleiden haben, ist nur vor dem Hintergrund einer spirituell erweiterten Weltauffassung zu verstehen. Es verhält sich nicht so, dass mir plötzlich verborgene Zusammenhänge offenbart worden wären oder etwas in dieser Art. Ich bin ein ganz gewöhnlicher Suchender, der an den Erkenntnisgrenzen sein Lager aufgeschlagen hat und auf die seltenen, kleinen Gelegenheiten wartet, etwas zu erhaschen von dem, was auf der anderen Seite vor sich geht. Und dann hilft mir Rudolf Steiner (nicht nur er, aber er ganz besonders), das Erhaschte wenigstens andeutungsweise zu verstehen. Im Zusammenhang mit den neuen Kindern sind Steiners Aussagen über die Christusnähe «im Ätherischen» – das heißt im Bereich der flutenden Bildekräfte und grenzenlosen Gestaltungsmöglichkeiten – von hoher Bedeutung. Die Durchdrungenheit der unmittelbar angrenzenden übersinnlichen Sphäre mit reiner Liebekraft kann nicht ohne Auswirkung auf die Verfassung der sich inkarnierenden Seelen bleiben. Im

Allertiefsten beeindruckt von dieser Schwellenerfahrung betreten sie die Erde und erleben das geistige, soziale Klima der Zeit wie einen Kälteschock – obwohl es ja gerade ihre tiefste Intention ist, die Eiskruste aufzuschmelzen, die über dem gegenwärtigen Kulturleben liegt. Wir befinden uns in der paradoxen bewusstseinsgeschichtlichen Situation einer – durch die Nazi-Barbarei ausgelösten? – nie dagewesenen spirituellen Agonie bei gleichzeitiger (ebenfalls nie dagewesener) greifbarer Nähe dessen, was Joseph Beuys als «christliches Potenzial» oder «evolutionäres Wärmeprinzip» bezeichnete. Steiner hat dies exakt für unsere Zeit vorausgesagt. Er kündigte den Triumph des Geistes der Maschine («Ahriman») an, zugleich aber auch, im Hintergrund, das Heraufkommen einer Spiritualität des Herzdenkens, mithin eine Abkehr von der seelenlosen Intellektualität, vom nützlichkeits-, zweck- und funktionalitätsorientierten vordergründigen Zeitgeist. Und ich müsste ihn schon grandios missverstanden haben, wenn die Annahme falsch wäre, dass er uns an verschiedenen Stellen seines Vortragswerkes sagen wollte, dass mehr und mehr Menschen mit einem entsprechend veränderten Wesensgefüge zur Welt kommen würden – nicht als «Funktionsgestörte», sondern als Wegbereiter eines neuen Bewusstseins.

Ich lernte begreifen, dass sich hinter sogenannten Dysfunktionen vielfach besondere Begabungsprofile verbergen, die schmählich verkannt werden und denen gegenüber gerade deshalb eine «Rettungstat» (Steiner) zu vollbringen ist. Wir müssen die defektfixierten Deutungsmuster hinter uns lassen und nun wirklich jenen Bewusstseinswandel ins Werk setzen, den Steiner und andere zu Beginn des 20. Jahrhunderts anstoßen wollten. Es gibt heute außerhalb der Anthroposophie sehr beachtliche Bestrebungen in diese Richtung. Überall auf der Welt erheben sich kompetente Stimmen, die darauf hinweisen, dass sich im pädagogisch-therapeutischen Raum die schleichende Katastrophe eines gigantischen Missverständnisses vollzieht. Dort finden wir unsere Bündnisgenossen – und nicht in den Kreisen, die den akademischen Status quo repräsentieren.* Alle, die mit dem hier nur Angedeuteten spontan etwas anfangen können, sind aufgerufen mitzuhelfen, dass sich ein schützender Kreis um die betreffenden Kinder bilde. Es geht darum, einer groß angelegten Diffamierungskampagne entgegenzutreten, die sich den suggestiven (aber falschen) Anschein wissenschaftlicher Erwiesenheit gibt. Die Sache ist ernst. Wir treten hier nicht in irgendeine «spannende Debatte» ein, sondern stehen an einer epochalen Schwelle. Nicht zuletzt von unserer Einstellung zu den auffälligen Kindern hängt es ab, welches Menschenbild sich in der zweiten Phase der Moderne durchsetzen wird – das maschinelle oder ein ethisch-spirituelles.

Als ich vor acht Jahren an der Niederschrift des vorliegenden Buches saß, waren mir diese Zusammenhänge nur ahnungsweise bewusst. Deshalb benutze ich Wendungen aus dem defektologischen Wörterbuch noch recht unbefangen. Natürlich führte mir schon damals der Geist absoluter Achtung vor den besonderen Kindern und ihrem Leid (ich bestreite ja auch heute nicht, dass sie leiden, ganz im Gegenteil!) die Feder. Aber die tiefere Sinnhaftigkeit des Geschehens hatte ich noch nicht – beziehungsweise nur wie durch einen Schleier – erkannt. Und so kam es, dass ich einen mehr als nur marginalen Fehler beging: Die Passagen, in denen es heißt, die ungewöhlichen Kinder seien zu schwach mit ihren Engelwesen (man könnte auch sagen: mit ihren transpersonalen Wesensschichten) verbunden, kann ich in dieser Form

* Vgl. dazu Georg Kühlewind, *Sternkinder* (Stuttgart 2001), Henning Köhler, *Was haben wir nur falsch gemacht?*, Stuttgart 2000, sowie *War Michel aus Lönneberga aufmerksamkeitsgestört?* (Stuttgart 2002), *Jedes Kind hat das Recht, so zu sein, wie es ist* (Schriftenreihe «Recht auf Kindheit», Vereinigung der Waldorfkindergärten 2001). – Ferner Beiträge von Georg Kühlewind und Henning Köhler in der Wochenschrift *Das Goetheanum* 11/2001 und die anschließende Debatte.

heute nicht mehr vertreten. Alles andere über den Zusammenhang von Sinnesentwicklung und Engelwirken Dargelegte behält seine Gültigkeit. Aber inzwischen ist mir klar, dass ich zu stark auf einen Aspekt insistiert – und dadurch andere Aspekte übersehen – habe. In gewisser Hinsicht verhält es sich genau andersherum als ich damals glaubte. Die besonderen Kinder geben uns gerade deshalb so viele Rätsel auf, weil sie mit außerordentlicher Hingabe auf die Botschaften aus dem engelinspirierten Überbewussten lauschen beziehungsweise überaus wahrnehmungsfähig sind für die Obertöne der «Musik», die im gewöhnlichen, sinnesgebundenen Bewusstsein spielt. Andererseits fühlen sie sich eben gerade wegen dieser ausgeprägten spirituellen Empfänglichkeit auch in hohem Maße von «dunklen» Kräften bedroht, womit ich nicht irgendwelche Gespenster meine, sondern die zwischen den Menschen knisternden destruktiven Energien, den antisozialen Grundzug der Zeit, die Vormacht des Geistes der Maschine. Hier fehlt den neuen Kindern, auch wenn sie behütet aufwachsen, oft der natürliche Schutz. Deshalb sind sie bei Weitem nicht so gefährdet, wie man auf den ersten Reflex annehmen möchte. Vor allem dann nicht, wenn es in ihrer Umgebung ein paar Menschen gibt, die nicht auf sie hinschauen wie auf «erbkranken Nachwuchs» (genetisch bedingte Hirnstoffwechselstörungen), sondern ihre Originalität und ihren Reichtum erkennen.

Diese hier nur angedeuteten Zusammenhänge sprechen nicht dagegen, sondern lassen im Gegenteil noch plausibler erscheinen, dass im Zusammenhang mit zivilisationsbedingten Entwicklungserschwernissen und heranbrandenden bedrohlichen «Zeitgeräuschen» das Engelwirken auf einer bestimmten Ebene abgeschwächt ist. Auf welcher Ebene? Dort, wo die «mich-empfindende Hülle» (Kühlewind), das heißt eine gesunde egoitäre Geschlossenheit und Abgeschirmtheit, auf der Basis eines sicheren Leibgefühls entsteht, wo Erdenreife entwickelt werden soll.

Auch dies liegt «im Interesse der Engel». Man könnte sagen: Sie wollen uns einerseits helfen, im körperhaften Sein die rechte Orientierung zu finden, und rufen uns zugleich auf, geistige Wahrnehmungsfähigkeiten auszubilden – den Kontakt zum «Himmel» nicht abreißen zu lassen.

In diesem Buch werden vor allem die Abschwächungen des Engelwirkens in Bezug auf die physisch-leiblichen Daseinsfundamente beschrieben. Mein zuletzt erschienenes Buch (*Was haben wir nur falsch gemacht?*) hingegen zeigt in erster Linie die andere Seite der Medaille: die spirituelle Unkorrumpierbarkeit dieser Kinder, ihren bewunderungswürdigen Mut, die Himmelskräfte, deren sie teilhaftig sind, zu bewahren und zu verteidigen, ihre Entschiedenheit, sich nicht anpassungshalber verbiegen zu lassen, sondern – unter Inkaufnahme hoher Risiken – die Keime zu legen, die gelegt werden müssen, wenn die Erde für Menschen bewohnbar bleiben soll. Achten wir einmal darauf, welche Ideen und Projekte von «verhaltensgestörten» Kindern angestoßen werden, achten wir darauf, dass ihre besonderen Seelenfähigkeiten zwar in der heutigen Leistungsgesellschaft nichts zählen, aber umso mehr gebraucht werden, um eben dieser Gesellschaft eine humane Zukunftsperspektive zu eröffnen. – Alles Zufall? Na ja.

Meinen neuen Lesern sei an dieser Stelle noch versichert, dass ihnen, obwohl ich von «Engeln» rede, kein schriftlicher Religionsunterricht bevorsteht. Die Rehabilitation des Engel-Begriffs wird im Folgenden so gerechtfertigt, dass es, denke ich, auch diejenigen akzeptieren können, die zunächst skeptisch sind.

Im Mai 2001 *Henning Köhler*

Vorwort zur ersten Auflage

Die nachfolgenden Ausführungen stellen einen für den Druck überarbeiteten Zusammenschnitt mehrerer Vorträge aus den Jahren 1991–1992 dar. Obwohl manche stilistische Glättung und nachträgliche Einfügung nötig war, wurde versucht, den Charakter der freien, direkt an die Zuhörerschaft gerichteten Rede beizubehalten. Ein solcher Text kann natürlich nicht mit einem von vornherein für den Druck bestimmten verglichen werden. Wer strenge Gliederung und systematischen Aufbau für unabdingbar hält, wird Anlass zur Kritik haben. Es finden sich Wiederholungen, Rückkoppelungen und Intermezzi, wie sie für Vorträge und Vortragsreihen eben typisch sind. Ich meine aber, diese Mängel werden ausgeglichen durch die Lebendigkeit des gesprochenen Wortes, von dem auch in der Druckfassung etwas erhalten bleibt. Das Thema des Buches selbst legte die gewählte Form nahe. Man wird bei der Lektüre verstehen, was ich damit meine.

Die Vortragspassagen wurden so zusammenkomponiert und, wo nötig, ergänzt, dass ein fortlaufender, durch nachträglich eingeschobene Kapitelüberschriften aufgelockerter Text entstanden ist. Das Thema ist die sogenannte «basale Sinnesreifung». Sie wird in den Blickwinkel der anthroposophischen Entwicklungspsychologie gerückt und dahingehend vertieft, dass eine Art Typologie kindlicher Verhaltensauffälligkeiten sich abzeichnet, aus der unmittelbare Konsequenzen für die Erziehungspraxis gezogen werden können. Obwohl über diese Konsequenzen gesprochen wird, lag es mir fern, ein pädagogisches Rezeptbuch zu schreiben. Man wird finden, dass es mir im Gegenteil gerade darum geht, die Eltern zur selbstständigen Erkenntnisarbeit zu ermutigen und ihr Vertrauen in die eigene Handlungsfähigkeit auch in schwierigen Situationen zu stärken. Meine glücklichsten Stunden als Kindertherapeut und Erziehungsberater sind diejenigen, aus denen ich die Eltern entlassen kann mit den Abschiedsworten: «Sie brauchen mich jetzt nicht mehr.» Die wichtigste Aufgabe der Erziehungsberatung ist es, gemeinsam mit den Eltern pädagogische Menschenkunde zu erarbeiten. Die vorliegende Schrift gibt Einblick in diese Arbeit, wie sie von Seiten der heilpädagogischen Abteilung des Janusz-Korczak-Instituts durch entsprechende interne und externe Veranstaltungen seit Jahren gepflegt wird. Es ist unser Anliegen, die Pädagogik auf die Grundlage einer praxisnahen, aus geschulter Beobachtung und lebendig-liebevollem Denken gewonnenen psychologischen Menschenkunde zu stellen. Hier scheiden sich schon die Geister: Wer glaubt, die Liebe habe im wissenschaftlichen Denken nichts zu suchen, wird sich kaum mit Gewinn auf dieses Buch einlassen können, mit dem ich an meine bisherigen Arbeiten direkt anknüpfe, insbesondere an das Kapitel «Ein kurzer Ausflug in die Sinneslehre» in der zuletzt erschienenen Studie *Vom Rätsel der Angst.*

Nürtingen / Wolfschlugen, Dezember 1993 *Henning Köhler*

1. Grundfragen einer spirituellen Erziehungspraxis

Liebe Eltern!

Im Folgenden will ich Sie mit einer vielleicht etwas ungewohnten Sicht auf kindliche Entwicklungsprobleme vertraut machen, die mir gleichwohl von großer Bedeutung, auch in erzieherischer Hinsicht von großer Bedeutung zu sein scheint.

Sie werden ja mit mir einig sein, wenn ich sage, dass wir, um richtig zu handeln, zunächst einmal Leitlinien für unser Handeln brauchen. Das ist im Leben immer so, und es ist auch im erzieherischen Leben, im Umgang mit Kindern so. Natürlich ist die entscheidende Kraft die Liebe, aber man darf nicht in den Fehler verfallen zu glauben, zwischen Herzens- und Erkenntnisangelegenheiten bestehe ein Widerspruch. Das Gegenteil ist wahr. Wenn Liebe zu einem anderen Wesen sich nicht mit dem Bedürfnis verbindet, dieses andere Wesen auch zu erkennen, das heißt zu verstehen und aus solchem Verstehen heraus die richtigen Formen des Umgangs zu finden, dann fehlt der Liebe etwas Wesentliches, dann bleibt sie im Ansatz stecken.

Hilfe aus der Nacht

Eine Leitidee im Sinne einer grundlegenden Einsicht lenkt den inneren Blick in eine bestimmte Richtung, und wenn die Richtung stimmt, nun ja, dann hat man gute Einfälle: Die sogenannte moralische Fantasie wird aktiv und gibt uns «Anweisungen», wie wir in dieser oder jener Situation handeln können. Die richtige Grundeinsicht zu gewinnen obliegt zu einem großen Teil dem intellektuellen Tagesbewusstsein, da müssen wir also wach, mit scharfer Beobachtung (und selbstkritischer Zurücknahme unserer subjektiven Meinung), ich möchte sagen: forschend, im Leben stehen, Zusammenhänge entschlüsseln, Schlussfolgerungen ziehen und so weiter. Die praxiswirksamen, im Alltag brauchbaren Ideen oder Impulse, die sich aus den Grundeinsichten dann ergeben können, fließen uns allerdings in der Regel nicht aus dem Tagesbewusstsein zu, sondern (ganz wörtlich zu verstehen) aus der Nacht! Bei der Umsetzung von Einsichten in kreative Impulse muss noch etwas anderes mitwirken als das gewöhnliche, logische Denken. Es ist evident, dass wir, wenn wir nicht schlafen würden, ganz unfähig wären, diese Umsetzung zu leisten. Wenn Sie vor einem Problem stehen und beschließen: «Ich muss noch mal darüber schlafen», dann liegt diesem Satz ein Erfahrungswert zugrunde. Sie wissen, dass die jeweilige Fragestellung in der Nacht nicht erlischt, sondern dass Sie irgendwie daran weiterarbeiten. Jeder hat schon erlebt, dass dann am nächsten Morgen die Lösung gewissermaßen als Geschenk auf dem Kopfkissen liegt.

Da geht man mit einer zunächst noch recht allgemeinen, schwer ins Praktische übertragbaren Erkenntnis um, trägt sie in sich wie etwas ganz Abgesondertes, was nichts zu tun hat mit dem täglichen Leben, nimmt sie Abend für Abend mit in den Schlaf, ruft sich den Kern der Sache noch einmal vor das verdämmernde Tagesbewusstsein, und eines Morgens erwacht man dann mit einer glasklaren Idee, mit einem Vorsatz: «Ich hab's! Dies und das muss ich für mein Kind tun, natürlich, warum bin ich nicht längst schon darauf gekommen!» Haben Sie das schon einmal erlebt? Ich bin fest überzeugt davon. Jeder hat hin und wieder solche Erlebnisse; man ist nur manchmal nicht aufmerksam genug, um den Zusammenhang zu sehen. Was macht man zum Beispiel mit der Erkenntnis, dass ein ständig trotzendes, tobendes, sich verweigerndes Kind in Wirklichkeit nur Angst hat? Es ändert ja gar nichts an den tagtäglichen Problemen, dies zu wissen. Aber wenn Sie sich darauf einlassen, jeden Abend fünf Minuten lang eine Art Vorstellungsübung zu machen, indem Sie sich Ihr tobendes, bockiges Kind vor das innere Auge rufen und sich jetzt intensiv in die Lage versetzen, Sie könnten *hineinschauen* in das Kind und sähen dort ein zitterndes, kleines Vögelchen in panischer Angst in seinem Käfig herumflattern; wenn Sie mit diesem Bild soundso oft einschlafen, verehrte Mutter, verehrter Vater, dann kann es schon sein, dass sich an den tagtäglichen Problemen allmählich etwas ändert, weil Sie, unter Umständen nicht ganz bewusst, also nicht im Sinne einer kühl kalkulierten Verhaltenskorrektur, sondern eher durch ein neues «Fingerspitzengefühl», in vielen Situationen anders reagieren. Das Unterbewusstsein zieht gewissermaßen seine Schlüsse aus dem Bild vom erschreckt herumflatternden Vögelchen, während Sie vielleicht im Oberstübchen noch immer rätseln, was Sie denn nun konkret damit anfangen sollen, dass man Ihnen gesagt hat, Ihr kleiner Trotzbrocken habe in Wirklichkeit Angst.

Sehen Sie, und nun kann es geschehen, dass Sie allmählich Ihren Tonfall, Ihre Stimmlage im Umgang mit dem Kind ändern. Sie sprechen leiser, melodischer mit ihm, nicht mehr so, dass jeder Satz wie ein Pistolenschuss klingt; und Sie achten instinktiv darauf, Ihr Kind möglichst keinen extremen Eindrücken auszusetzen, ihm hektische, laute, unübersichtliche Situationen zu ersparen, so gut Sie können. Es ist, wie gesagt, ohne Weiteres möglich, dass Sie sich selbst dessen gar nicht bewusst sind. Vielleicht werden Sie von anderen Leuten erst darauf aufmerksam gemacht, dass sich Ihr Umgangston verändert. Ganz lebenspraktische Schlussfolgerungen hat in unserem Beispiel das Unterbewusstsein aus dem Bild vom verängstigten Vogel, das Sie sich Abend für Abend vor die Seele rufen, gezogen. Natürlich, das sind Schlussfolgerungen (das Wort passt nicht ganz, aber wir verwenden es jetzt einmal), auf die man auch durch gewöhnliches Nachdenken kommen könnte. Aber so ist das bekanntlich mit vielen Dingen: Wenn man ein Problem gelöst hat, wundert man sich nachträglich über die Einfachheit der Lösung. Nur muss man erst einmal darauf kommen!

Ich kann Ihnen aus vieljähriger erziehungsberaterischer Praxis sagen, dass Eltern in der Regel *nicht* dazu fähig sind, aus einer lapidaren Feststellung des Beraters («Ihr Kind tobt, weil es Angst hat») umstandslos praktische Konsequenzen zu ziehen. Die Entgegnung lautet meistens: «Gut, einverstanden, die Bockigkeit ist eigentlich Angst, aber was nützt mir das?» Nun hat der Berater zwei Möglichkeiten. Er kann den Eltern etwas über die notwendigen Schlussfolgerungen inklusive Verhaltensänderungen vordozieren. Das sitzt dann mehr oder weniger fest in den Köpfen der Leute, aber im Alltag läuft unter Umständen alles weiter wie gehabt. Die zweite Möglichkeit ist die Empfehlung einer Vorstellungsübung für den Abend: Vertiefen Sie sich täglich kurz vor dem Einschlafen in das Bild, Ihr Kind sei ein kleiner Vogel, der in panischer Angst in seinem Käfig herumflattert. Das ist die Innenseite des trotzigen, tobenden Verhaltens. Und nun warten Sie ab, welche Lehren Ihnen das Bild erteilt. – Was auf diesem Weg erreicht werden kann, ist natürlich viel mehr, ist viel tiefer gegründet als irgendwelches Kopfwissen, das man krampfhaft, aber meistens doch vergeblich, in die Tat umzusetzen versucht. Sie erleben, wie eine Erkenntnis, die Sie zunächst einmal gar nicht ins praktische Leben hineinzwingen können und wollen, aber ernsthaft und ausdauernd, sagen wir ruhig: meditativ in sich bewegen, namentlich dem Schlaf als Frage übergeben – wie eine solche Erkenntnis gestaltend in Ihre Gewohnheitsstruktur eingreift. Und Sie erleben weiter, wie Sie an Ihrem eigenen, sich verändernden Verhalten dann geradezu die Antwort «ablesen» können, auf die Sie, solange die Frage eine rein theoretische war, verstandesmäßig bei aller Mühe einfach nicht gekommen sind. Sehen Sie, das ist nun ein Urphänomen, mit dem man etwas anfangen kann, ein gewissermaßen kultivierbares und ausbaufähiges psychologisches Phänomen. Nebenbei bemerkt arbeiten Verführer und Rattenfänger aller Couleur mit dieser Methode der systematischen Appellation an das Unbewusste. Man kann ja, je nach Gesinnung und Absicht, an sehr verschiedene Quellen herankommen. Uns geht es darum, diese Methode auf eine uneigennützige, ganz dem Mitmenschen, in diesem Fall dem Kind, zugewandte Art aufzugreifen. Wir rufen also eine tief in unserem Inneren sitzende Weisheit zu Hilfe, von der wir im Tagesbewusstsein abgeschnitten sind, und wir müssen dies, um nicht in die Irre zu gehen, bewusst tun, mit einer klaren, möglichst unegoistischen Zielsetzung und unter Zuhilfenahme unserer Erkenntniskräfte, die wir brauchen, um überhaupt zu den richtigen Fragestellungen vorzudringen. Wer nicht zu fragen versteht, erhält keine Antworten.

Antwortet der Engel?

Also *Leitideen* brauchen wir schon! Sie führen uns ja erst zu dem Bild, das wir dann meditativ befragen und in den Schlaf mitnehmen können. Sich mit den menschenkundlichen Hintergründen kindlicher Entwicklungskrisen zu beschäftigen ist also nicht nur ratsam, sondern, ich möchte sagen: notwendig. Aber es genügt nicht. Denn es bleibt zunächst Kopfwissen. Und sofort erhebt sich die Frage nach dem nächsten Schritt. Ein solcher Schritt kann, namentlich in der Kindererziehung, darin bestehen, dass wir lebendige Bilder, lebendig-bildhafte Fragen aus dem Kopfwissen entwickeln und hintragen zu den Wesen und Kräften, mit denen wir nachts in Berührung kommen. Um auf diesem Weg Antwort zu finden, müssen wir freilich echtes Interesse und Engagement vorweisen können. Es muss uns der Wunsch nach Einsicht in das Wesen des Kindes schon richtig gepackt haben. Grob gesprochen: Was der Schlaf für uns bereithält, das werden wir in der Regel nur bekommen, wenn wir eine Menge Vorarbeit geleistet haben. Ein Billigmarkt für Patentlösungen ist das Unterbewusstsein natürlich nicht.

Sie sehen an unserem Beispiel vom ängstlichen Vogel, dass gar nichts besonders Mystisches oder von der gewöhnlichen Erfahrung Abweichendes damit gemeint ist, wenn ich sage, dass wir aus dem Schlaf «Handlungsanweisungen» erhalten können, ja ich möchte behaupten: *immer* mehr oder weniger bewusst erhalten! Dennoch ist damit ein Thema von großer Tragweite berührt, über das es sich lohnen würde, einmal ausführlicher zu sprechen. Ich will Ihnen gern anvertrauen, dass nach meiner Überzeugung hinter dem Vorgang, den ich oben angedeutet habe, etwas steckt, was Sie vielleicht als Kinderkram abtun werden – nun ja, es ist auch in gewisser Hinsicht Kinderkram, aber in ernster, positiver Hinsicht. Es steckt dahinter die Möglichkeit, mit dem Engelwesen des Kindes in Kontakt zu kommen! Wir können dem Engel des Kindes im Schlaf begegnen, wenn wir entsprechende Vorkehrungen, Bewusstseinsvorkehrungen treffen, um eine solche Begegnung herbeizuführen. Sollten Sie durch das Wort Engel irritiert sein, könnten wir uns natürlich auch auf unverfänglichere Formulierungen einigen, aber warum eigentlich? Es ist eine seltsame Schamhaftigkeit, durch die man sich heute veranlasst fühlt, keine Imaginationen mehr gelten zu lassen, sondern alles auf eine Ebene grauer, lebloser Begrifflichkeit herunterzuziehen. Besonders wenn es um Kinder geht, ist die abstrakte Wissenschaftssprache extrem ungeeignet. Aber verstehen Sie mich jetzt bitte recht: Ich meine das mit dem Engel nicht irgendwie symbolisch oder metaphorisch, sondern es ist mir ernst damit, ich bitte, es wörtlich zu nehmen. Wenn ich von Imaginationen spreche, so sind damit keine Phantastereien gemeint, sondern Wahrbilder.

Es war für die Bewusstseinsentwicklung wichtig, dass man, um das logische Denken zu erringen, zunächst einmal abgekommen ist von den Wahrbildern, die man früher den unsichtbaren Dingen und Wirkungen zuordnete. Aber wir haben damit auch ein gehöriges Stück Lebensklugheit aufgegeben, und es lohnt die Mühe, sich mit dem Rüstzeug des sachlichen Denkens, ohne dieses im geringsten aufzugeben oder zu vernachlässigen, nun wiederum diesen großen Urbildern, zum Beispiel dem Bild des Engels, zu nähern. Man kann das philosophisch tun, etwa auf dem Weg des wissenschaftskritischen Diskurses, indem man untersucht, mit welchem Recht wir der naturwissenschaftlichen Weltsicht eigentlich mehr Wahrheitswert zubilligen als zum Beispiel den theologischen, mystischen oder esoterischen Konzepten, insoweit sich die letzteren in der Lebenspraxis ebenso gut bewähren. Diesbezüglich gibt es mittlerweile außerordentlich stichhaltige Arbeiten. Aber unsere Aufgabe kann im Folgenden nicht darin bestehen, diese wissenschaftstheoretische Debatte zu kommentieren. Ich erlaube mir, jetzt einfach einmal die Behauptung vor Sie hinzustellen, dass die Annahme der Existenz von Engeln in gewisser Hinsicht sehr nützlich ist und unser nützlichkeitsorientiertes Weltverständnis sich deshalb mit einer solchen Annahme überraschend gut verbinden lässt. Man muss es nur versuchen.

Nehmen wir also an, es sei wahr, dass wir im Schlaf an das innerste Wesen und die eigentlichen Bedürfnisse des Kindes herankommen können. Wenn wir erleben, dass dies in der Tat bei entsprechender Vorbereitung möglich ist, dann glaube ich nicht, liebe Eltern, dass Sie oder ich in unserem höchstpersönlichen Unterbewusstsein die sensationellen Schlauköpfe sind, die wir gerne wären. Ich denke vielmehr, dass es etwas komplizierter ist mit der oben erwähnten Weisheit des Schlafes, insofern es sich um eine «soziale Weisheit» handelt, die uns lehrt, unsere Liebegefühle in *Taten* der Liebe umzuwandeln. Ich denke nämlich, dass das Kind selbst uns in der Nacht die entsprechenden Hinweise gibt, aber nicht das Kind, wie es uns im Alltag gegenübersteht, sondern das Kind aus einer Wesensschicht heraus, die im gewöhnlichen Leben gar nicht unmittelbar in Erscheinung tritt. Man kann es das höhere Selbst nennen, wo gleichsam im Keimzustand schon vorhanden ist, was sich später biographisch ausfalten will. Aber «höheres Selbst» ist eben wieder so eine Begriffskonstruktion, die das, was wir hier im Auge haben, in etwas Allgemeines und Unverbindliches hinunterzieht, worunter man dann alles Mögliche oder Unmögliche verstehen kann. Wenn man mit der Idee zu leben und umzugehen begonnen hat, dass jeder Mensch von einer über ihm stehenden, schicksalsführenden Wesenheit begleitet wird, zu der er mit den kostbarsten Teilen seiner aktuellen Persönlichkeit hinaufragt, dann wächst das Bedürfnis, zur Rehabilitation des Bildes vom Engel beizutragen. Man hat keine Lust mehr, aus Rücksicht auf den Zeitgeschmack dauernd um den heißen Brei herumzureden. «Engel sind unsichtbar und nur dem denkenden Erleben zugänglich. Dieses drängt sich jedoch nicht auf, sondern muss aktiv vom Menschen gesucht werden», schreibt Michaela Glöckler in ihrer *Elternsprechstunde.* Man muss das Phänomen schon beim Namen nennen und sich bewusst darauf einlassen. Andernfalls findet man keinen Erlebniszugang. Der Engel antwortet nicht, wenn wir nach abstrakten psychodynamischen Vernetzungen fragen, die sich in einem ebenso abstrakten Unbewussten automatenhaft abspielen sollen. Sie bemerken: Ich korrigiere mich ein wenig. Wenn ich vorhin in diesem Zusammenhang mehrmals vom «Unterbewusstsein» gesprochen habe, so war dies ein provisorisches Zugeständnis an geläufige Redewendungen. Natürlich gibt es ein Unterbewusstsein. Aber was man gemeinhin darunter versteht, trägt zum Verständnis der Phänomene, die uns jetzt beschäftigen, wenig bei.

Sprechen wir also heute nicht von irgendeiner aus dem Unterbewusstsein heraus motivierenden, den individuellen Lebensentwurf inaugurierenden Instanz oder Richtkraft, sondern vom Engel, das ist einfacher, schöner und genauer. Der Engel des Kindes kann Ihnen im Schlaf praktikable Hinweise geben, wenn Sie ihm mit möglichst klar gefassten und von Ihnen selbst als dringlich genug empfundenen Fragen gegenübertreten. Sie werden diese Hinweise zunächst nicht unbedingt als Gedankeninhalte in sich wiederfinden, sondern als neue Impulse und Motivationen, als einen fast unmerklich sich vollziehenden Einstellungswandel, als wachsende Fähigkeit, in kritischen Situationen richtig zu reagieren, und so weiter. Indem Sie sich in der Kunst des Fragens üben – wir sprachen schon von der Möglichkeit des *bildhaften Fragens* –, sich diesbezüglich also auch gewissen Anstrengungen unterwerfen, bilden Sie in sich gleichsam die Empfangsorgane aus für Engelsbotschaften. Wir ähneln diesbezüglich (und denken Sie ja nicht, dass ich mich da ausnehme) Analphabeten, die gerade mit den ersten Buchstaben anfangen. Aber immerhin, nur wer überhaupt anfängt, hat eine Chance, eines Tages vielleicht flüssig zu lesen. Und es ist gar nicht so schwer, einen Anfang zu machen. Um noch einmal Michaela Glöckler zu zitieren: «Jede Fürbitte», schreibt sie, «in der man nicht egoistisch etwas für sich wünscht, sondern wirklich möchte, dass sich das Schicksal des Kindes gemäß seinem Ziel erfüllen möge», ist ein Ruf, den der Engel des Kindes aufnimmt.

Die Fragen des Brückenwächters

Stellen Sie sich einmal vor, Sie beträten beim Einschlafen eine Brücke, und auf der anderen Seite der Brücke hätten Sie Gelegenheit, mit dem Engelwesen des Kindes in Verbindung zu treten. Stellen Sie sich weiter vor, auf der Brücke sei ein Wächter postiert, und Sie müssten sich vor diesem Wächter rechtfertigen, um passieren zu dürfen. Was, glauben Sie, würde der Brückenwächter fragen? Er würde erstens fragen: «Hast du ein klar durchdachtes Problem mitgebracht, das dich nicht aus eigennützigen Motiven, sondern um des Kindes willen ernsthaft bewegt?» Und seine zweite Frage (darüber werden Sie sich jetzt vielleicht wundern) wäre: «Trägst du in dir ein deutliches *Bild* des Kindes?» Wieso ein deutliches Bild? Nun, was ist denn die Bedingung, um beim Einschlafen ein deutliches Bild des Kindes in sich zu tragen? Das ist nur möglich, wenn man sich tagsüber die Mühe gemacht hat, wenigstens einmal das Kind liebevoll und wach zu beobachten, «mit Andacht zum Kleinen», wie es Rudolf Steiner ausdrückte. Es gehört zur Praxis der Liebe, sich immer wieder ganz zurückzunehmen, die eigenen, festgefahrenen Urteile, Wünsche, Erwartungen und Vorstellungen beiseite zu räumen und sich zu üben in lauschender, betrachtender, sagen wir ruhig: *staunender* Aufmerksamkeit dafür, was einfach das *Erscheinungsbild* des Kindes im Jetzt und Hier ist. Jedes Detail verdient dabei Ihr ungeteiltes und möglichst jeder Bewertung sich enthaltendes Interesse. In solchen Augenblicken darf zum Beispiel der Gedanke «Wie ärgerlich, dass er beim Gehen die Füße nicht hebt!» keinen Platz haben, sondern Sie werden nur konstatieren, dass dies sein Gang ist, sein unverkennbarer Gang. Wenn Sie nach und nach spüren, wie eine Art Zärtlichkeit auch für die Schwächen und Schrullen des Kindes in Ihnen erwacht, auch für alles dasjenige, was sonst, im Alltagsgetriebe, ständig zu Streit und Ärger Anlass gibt, dann wissen Sie, dass Sie auf dem richtigen Weg sind.

Das sind die beiden Fragen unseres imaginären Brückenwächters, die Sie, liebe Eltern, mit Ja zu beantworten wenigstens annähernd imstande sein sollten, und Sie können sich darauf vorbereiten, indem Sie das Folgende berücksichtigen: Beschäftigen Sie sich möglichst ohne Wehleidigkeit und Schicksalshader, sondern in nicht nachlassendem Verstehensbemühen mit der besonderen Problematik Ihres Kindes. Stellen Sie dabei weniger in den Vordergrund, was Ihnen persönlich, den Nachbarn oder den Lehrern Scherereien macht, als vielmehr die Frage, womit sich das Kind *selbst* Leid zufügt (das ist, wie Sie wissen, ein erheblicher Unterschied, denn es gibt so manches, was wir bei den Kindern nicht deshalb «abstellen» wollen, weil sie sich selbst damit schaden, sondern weil es uns nervös macht oder unseren Prinzipien widerspricht). Sie können und werden dann einen Punkt erreichen, wo Sie empfinden: «Ich *verstehe* die Not meines Kindes» – nicht in allen Einzelheiten und in letzter Konsequenz, das wäre zu viel verlangt, aber doch so, dass Sie bemerken: Sie haben erkenntnismäßig einen Zipfel des Problems zu fassen bekommen.

Sie sehen vielleicht, um nur ein Beispiel zu nennen, dass sich Ihr Kind an manchen Tagen aufführt, als wolle es buchstäblich aus seiner Haut herausfahren. Da ist es nun schon ein Unterschied, ob Sie dieses Benehmen als pure Frechheit auffassen und sich persönlich angegriffen fühlen oder ob Sie aus einem gewissen beobachtenden Abstand heraus feststellen, dass das Kind in der Tat mit seinem Körper nicht zurechtkommt an solchen Tagen, sich wie eingeschnürt und eingesperrt fühlt; Sie sehen die Gesichtsblässe, die Hautunreinheiten; das Kind vollführt Bewegungen, als sei ihm alles zu eng, klagt vielleicht sogar über die blöden, engen Kleider, obwohl diese, objektiv betrachtet, keineswegs eng sind. Jetzt haben Sie ein Bild: Sie sehen, dass sich die Seele im Leib fühlt, als ob sie in furchtbar unbequemen Kleidern stecke. Das Kind erlebt sich im eigenen Körper wie eingezwängt und zugleich ungefähr so, als trüge es einen unverträglichen, Juckreiz auslösenden Stoff auf der Haut. Und da erwartet man nun von ihm, dass es sich lieb und umgänglich benehmen soll! Sehen Sie, liebe Eltern, wenn Sie aus solchen Beobachtungen heraus nun beispielsweise auf die Idee kommen, mehr Aufmerksamkeit auf die Ernährung zu richten, sich diesbezüglich einmal fachlich beraten zu lassen (denn man kann sich denken, dass die Kinder heute manches zu sich nehmen, wodurch eine innere Aufgekratztheit zustande kommt), dann sind es nicht Ihre persönlichen Vorlieben, Abneigungen oder Prinzipien, durch die Sie veranlasst werden, zum Beispiel die Süßigkeiten oder das tierische Eiweiß zu reduzieren, sondern Sie entscheiden allein aus dem Gesichtspunkt heraus, etwas vom Kind abzuwenden, womit es sich selbst schadet. Sie lassen sich nicht davon leiten, dass es Ihnen lästig ist, ein dermaßen freches, schwer erziehbares Kind zu haben, sondern Sie fragen sich: «So viel Frechheit, wie mein Kind für seine Persönlichkeitsentwicklung braucht, soll mir recht sein; aber wenn es sich schlecht benehmen *muss*, obwohl es eigentlich lieb sein will, nur weil ihm der eigene Leib ständig zum Feind wird, dann braucht es meine Hilfe.» Das ist das eine.

Wenn der Leib für die Seele zu kalt ist …

Das andere ist, dass Sie nun, abgesehen von Ernährungsfragen, das Bild von der «im Leib eingezwängten Seele» in der beschriebenen Art befragen und regelmäßig mit in die Nacht nehmen können. Der Brückenwächter wird es als Passierschein gelten lassen, namentlich dann, wenn Sie die zweite Bedingung erfüllen, nie nachzulassen in der getreulichen Beobachtung des Kindes. Ich will nun das, was sich im vorliegenden, nur als beliebiges

Beispiel gewählten Fall an Einsichten aus der meditativen Praxis ergeben kann, nicht vordozieren, sondern nur an einer Kleinigkeit verdeutlichen, was ich meine. Wenn sich die Seele im Leib wie eingezwängt fühlt, nicht wahr, dann führt das ja, ganz unkompliziert weitergedacht, zu der Vorstellung, dass die Seele eigentlich zu *groß* ist für den Leib. Folglich hätte sie die Tendenz, von innen her ständig gegen die Leibesgrenze gepresst zu werden, aber nicht nach außen durchzukommen, sich an der Peripherie zu stauen. Jetzt beobachten Sie Ihr Kind, wenn es wieder einmal seine speziellen Tänze aufführt. Sie sehen, wie es sich dauernd streckt und räkelt; wie es sich manchmal krampfartig zusammenzieht und in einer Art Schüttelbewegung wieder lockert. Da können Sie förmlich mit Händen greifen, dass etwas von innen her Gestautes nach außen drängt und nicht richtig frei wird. Die Leibesgrenze ist für das subjektive Erleben des Kindes zu undurchdringlich, zu starr. Sie müsste, um für das expandierende Innenleben die richtige Umgebung zu bilden, geschmeidiger und freilassender sein, eine «atmend»-elastische Grenze.

Was könnte da vorliegen, wenn sich das Kind in seinem Leib so erlebt, als werde es bei jedem Versuch, mit der Welt in Beziehung zu treten, an der Grenze zurückgeworfen? Sie haben jetzt das Bild von der für den Leib «zu groß» gewordenen Seele; und Sie haben das Bild von der undurchlässigen Körpergrenze. Das ist schon eine ganze Menge; da haben Sie etwas vorzuweisen! Und es wäre kein Wunder, sondern ein sehr naheliegendes Ereignis, wenn Sie (Abend für Abend diese beiden zwar nicht im gängigen Sinne wissenschaftlichen, aber in ihrer Bildhaftigkeit auf exakten Beobachtungen beruhenden Vorstellungen meditierend) allmählich bemerken würden, wie ein instinktives Bedürfnis in Ihnen aufkäme, zu prüfen, ob Ihr Kind auch immer *warm* genug ist! Plötzlich fällt ihnen auf: Es hat ja dauernd kalte Hände und Füße! Zunächst stellen sie nur fest, dass Sie plötzlich so eine Art

Tick mit der Wärme entwickeln und vielleicht die ganze Familie damit nervös machen. Dann versuchen Sie, sich über die Sache klar zu werden, und der Zusammenhang geht Ihnen auf.

Denn Kälte, nicht wahr, hat etwas mit Starre und Undurchdringlichkeit zu tun, das ist unmittelbar einsichtig, Wärme dagegen mit Beweglichkeit, Durchlässigkeit und Geschmeidigkeit. Seelisches entfaltet sich in der Wärme, der physische Leib tendiert nach seinen eigenen Gesetzen zum Kältepol. Die Seele kann den Leib nur recht durchdringen, indem sie ihn bis in die letzten, peripheren Verästelungen hinein durchwärmt. Gelingt diese Durchwärmung nicht von innen her, muss sie von außen unterstützt werden. Wärme ist etwas, was sich ausdehnen will, wie das Seelische, auch diesem eignet ein Ausdehnungsdrang. In der materiellen Welt würde alles erstarren, versteinern, wenn die Wärme nicht wäre. In einem ähnlichen Verhältnis steht das menschliche Seelenleben zum physischen Leib. Es ist einerseits in ihm gehalten, drängt andererseits über ihn hinaus. Wenn der physische Leib zu stark dem Kälteprozess unterworfen ist, wird das Seelische in seinem Ausdehnungsdrang nicht nur bezähmt (so soll es ja sein!), sondern gestaut. Dieses Gestautsein empfindet das Kind als Not, namentlich in bestimmten Entwicklungsphasen, in denen das Seelenleben ganz regulär eine ausgreifende, zur Umwelt sich hinwendende Dynamik entfalten will, also zum Beispiel im vierten, fünften, dann wieder im achten, neunten Lebensjahr, bevor die introversive Vorpubertätsphase einsetzt. Und jetzt sollten Sie, wenn Sie die Mutter oder der Vater in unserem Beispiel wären, weiterfragen: Was kann ich von Mensch zu Mensch, im täglichen Umgang, beachten, um meinem Kind in der beschriebenen Notlage beizustehen? Natürlich müssen Sie ganz pragmatisch von außen Wärme zuführen, das ist richtig und hilfreich, bleibt aber doch eine eher symptomatische Maßnahme. Wie kommt es denn, dass bei Kindern oftmals eine Neigung zum

Kaltwerden als Symptom dafür auftritt, dass sie ihren physischen Organismus nicht richtig durchdringen und folglich sich darin wie eingezwängt fühlen?

Kühler Kopf und warmes Herz

Vielleicht weckt in Ihnen, wenn Sie sich beharrlich damit beschäftigen (wie gesagt: ich erfinde jetzt eine allerdings wirklichkeitsnahe Geschichte; es handelt sich nicht um Rezepturen), ein Umstand, den Sie bislang positiv zu werten geneigt waren, plötzlich unbehagliche Gefühle, nämlich dass Ihr Kind so unerhört gescheit ist. Daran haben Sie sich möglicherweise geradezu festgeklammert, wenn es ganz schwierig wurde: «Mag sein, was will – ich habe ein ungewöhnlich kluges, begabtes Kind. Mit fünf kann es im Kopf schon schneller zweistellige Zahlen addieren als mancher Zweitklässler.» Bis jetzt waren Sie stolz darauf und haben sich in Ihren erzieherischen Bemühungen auch weitgehend an diese früh erwachten Verstandeskräfte des Kindes gewandt, ihm alles erklärt und genau begründet. Das hat manchmal geholfen, aber oft eben auch gar nicht. Und jetzt auf einmal wird Ihnen die Sache suspekt. Beim Lesen in Zeitungen und Büchern bleiben Sie dauernd an Formulierungen hängen, die das rein Verstandesmäßige mit Kälte oder Kühle in Zusammenhang bringen. Sie spüren, dass Begriffe wie «intellektuelle Kälte» der Wahrheit entsprechen. Das Gefühl lässt Sie nicht los, die ständige periphere Verkühlung Ihres Kindes habe womöglich etwas damit zu tun, dass es ein so überaus gescheites, viel zu früh in den intellektuellen Kälteprozess hineingezogenes Kind ist.

Das Verstandesdenken, welches irgendwie pauschal negativ zu bewerten mir ganz ferne liegt, ist eine Leistung, die nicht zuletzt darauf beruht, dass das eigentlich Seelische, also die ganze Sphäre der Emotionen und Gemütsbewegungen, gleichsam zurückgedrängt, im Inneren zusammengedrängt wird. Anders geht es gar nicht. Wir können nur klar und logisch denken, wenn wir uns gefühlsmäßig zusammennehmen und zugleich gegen die Außenwelt abgrenzen. Die volkstümliche Redewendung vom «kühlen Kopf» besagt eigentlich, dass zum geordneten Denken eine Zurückweisung der Wärmewirksamkeit nötig ist, die aus der emotionalen Sphäre zum Haupt hinaufdrängt, also zu den Sinnesorganen hindrängt. Verstandesklarheit verlangt kühles Abstandwahren einerseits zum eigenen Seelischen, andererseits zur Umgebung. Versuchen Sie mal, mit glühender Birne einen klaren Gedanken zu fassen oder sich von dem, was um Sie herum vorgeht, ein deutliches Bild zu machen!

Es ist also im Leben durchaus nötig, dringend nötig, dass wir lernen, uns gefühlsmäßig zurückzunehmen und gegen die Außenwelt abzugrenzen, damit wir den Kopf freibekommen. Ich denke gar nicht daran, dies negativ zu bewerten. Aber wenn man den Vorgang charakterisieren will, muss man eben sehen, dass man zwischen sich und der Welt eine Kältezone entstehen lässt, indem man die emotionale Wärme zurückstaut. Das ist eine unwillkürliche Begleiterscheinung des intellektuellen Prozesses. Wenn also Kinder zu früh in den intellektuellen Bereich hineingezogen werden, haben Sie, um mit der Umwelt in Kontakt zu kommen, ständig dieses Kältehindernis zu überwinden. Wenn Sie nun noch bedenken, dass bei Kindern – je kleiner sie sind, desto mehr – alles, was sich im Seelisch-Geistigen abspielt, seine unmittelbare leiblich-funktionelle Entsprechung hat und umgekehrt, dann sind Sie hinsichtlich des Kälte- respektive Unruhe- und Verkrampfungsproblems auf einen Zusammenhang gestoßen, der heute beileibe nicht zum akademischen Grundwissen gehört. Sie beginnen zu verstehen, dass es Altersstufen gibt, in denen der beschriebene

Prozess der Zurückdrängung des Seelisch-Wärmehaften eminent schädlich ist, weil er dem, was die Entwicklungsgesetzmäßigkeiten eigentlich fordern, frontal zuwiderläuft.

Und so kommen Sie vielleicht darauf, nicht nur von außen physikalische Wärme zuzuführen, sondern wieder mehr an seelisch erwärmende Erziehungshaltungen und Umgangsformen zu denken: den liebevollen Körperkontakt der verbalen Kommunikation vorzuziehen, das Kind in kreative Prozesse hineinzuführen, mit ihm zu singen, in spielerischer Form den krampfhaften Bewegungsdrang in Freude an der rhythmisch-musikalisch gestalteten Bewegung umzuwandeln oder anstelle «vernünftiger» Belehrungen kleine, sinnreiche Geschichten zu erfinden, die nicht über den Intellekt, sondern über die Fantasie Einsicht wecken. Denn die Fantasiekraft erwärmt bis in die Fingerspitzen; die Verstandeskraft erkältet. Wenn Ihr Kind mit seinen Fantasie- und Gestaltungsimpulsen hinauswachsen will über die engen Grenzen seiner Leiblichkeit, dann dürfen Sie nicht dasjenige fördern, was diese Grenzen verfestigt. Sie müssen die inneren Wärmekräfte des Kindes buchstäblich herauslocken bis an die Haut, bis in die Fingerspitzen.

So weit dieses Beispiel, durch das ich nur illustrieren wollte, wie weit Sie kommen können, wenn Sie in der beschriebenen Art mit wirklichem Erkenntnismut an die Dinge herantreten und dann auf Ihre Eingebungen achten. Denn die letzteren sind durchaus verlässlich unter der Voraussetzung, dass Sie über die Schwelle des Schlafes erstens eine klare Frage, zweitens ein deutliches Bild Ihres Kindes mitnehmen. Es kommt also auf dreierlei an, wenn Sie die Begegnung mit dem Engelwesen des Kindes suchen: auf eigene, menschenkundliche Gedankenarbeit; auf Beobachtungsgenauigkeit mit Andacht zum Kleinen; und drittens darauf, dass Sie die Ergebnisse dieser Bemühungen Abend für Abend bewusst in den Schlaf hinübertragen, also kurz vor dem Einschlafen in einer

Art Zusammenfassung noch einmal sich darüber klar zu werden versuchen, was Sie am Kind beobachtet und welche Erkenntnisse Sie eigenständig gewonnen haben. Damit wir uns recht verstehen: Es ist sicher manchmal angezeigt, bei einem Kinderarzt oder Erziehungsberater Beistand zu suchen, wenn Sie durch bestimmte Verhaltensweisen Ihres Kindes verunsichert sind. Aber auf der anderen Seite bedeutet jedes errungene Stück Unabhängigkeit von den «Experten», die es ja heute für alle nur erdenklichen Probleme gibt, einen nicht zu unterschätzenden Zuwachs an Freiheit, Selbstvertrauen und, nicht zuletzt, Ruhe, die sich auch auf das Kind überträgt. Ich glaube, dass ein «Experte» für Erziehungsfragen seine Arbeit mit der erklärten Absicht verrichten sollte, sich selbst überflüssig zu machen. Bitte verstehen Sie das bisher Gesagte als Ausdruck dieser Absicht.

Was ist «Moralerziehung»?

Gestatten Sie mir, im Folgenden auf einige Phänomene der kindlichen Entwicklung einzugehen, die, wie ich meine, von der heutigen akademischen Psychologie und Erziehungswissenschaft viel zu oberflächlich abgehandelt werden. Dabei schlage ich vor, dass wir uns weiterhin auf das Wagnis einlassen, den «Schutzengel» des Kindes gewissermaßen als Arbeitshypothese anzuerkennen und uns dadurch vertraut zu machen mit Gedankengängen, in die er ganz selbstverständlich einbezogen ist. Ich möchte dieses Engelwesen, das über dem Kind wacht und im Kind wirkt, zunächst als diejenige Wesenheit charakterisieren, die dafür zuständig ist, dass sich im Fortgang der Persönlichkeitsentwicklung eine Kraft mehr und mehr geltend macht, die im Zustand ihrer vollen Entfaltung als Kraft der *Idealbildung* oder *idealistischen Motivation* hervortritt und als solche die Impulse gibt, die wir brauchen, um den Widerspruch zwischen individuellen Bestrebungen und sozialer Verantwortlichkeit aufzulösen. Wenn ein Kind beginnt, um Seelenhaltungen der Menschlichkeit und Nächstenliebe zu ringen; wenn erste Regungen von Fürsorglichkeit, Mitleidsfähigkeit und uneigennütziger Hilfsbereitschaft aufkommen, dann haben wir es durchaus nicht in erster Linie mit den Rückspiegelungen unserer autoritären Moral zu tun, wie die Psychoanalytiker behaupten, sondern erleben vor allem etwas von der Wirksamkeit des Engels im Entwicklungsgang. Natürlich, es ist ein Wechselspiel: Das Kind lernt soziale Tugenden kennen, indem der Erwachsene, an dem es sich orientiert, sie ihm vorlebt. Aber wieso entwickelt es denn *Sympathie* zu solchen Tugenden? Nur um von den Eltern Lob zu ernten? Diesbezüglich wird manches behauptet, was nicht der Lebenswirklichkeit abgelauscht ist, sondern einfach auf materialistischen Denkgewohnheiten beruht.

Rudolf Steiner wusste, warum er so hartnäckig darauf bestand, dass eine Moral *predigende*, Moral *einfordernde* Erziehung in Hinsicht auf die Entwicklung tragfähiger moralischer Qualitäten für das spätere Leben ins Leere läuft, ja Schaden anrichtet. Die grob oder subtil erzwungene Moral erzeugt nichts anderes als Opportunismus. Sie steht der autonomen Moral, die in der *autonomen Idealbildung* gipfelt, nur im Wege.

Eine Erziehungsmethode, die darauf abhebt, dem Kind beizubringen, dass man für eine Verzichtsleistung am Ende mehr gewinnt, als man verloren hat, rückt die im Menschen veranlagte und nach Verwirklichung drängende Fähigkeit zum Altruismus in ein beklemmend falsches Licht. Wenn wir das Kind spüren lassen, dass es sich zum Beispiel durch großzügiges Schenken oder klagloses Teilen Vorteile erkaufen kann; wenn also gewisse Vergünstigungen davon abhängig gemacht werden, ob das Kind seine Bedürfnisse und Ansprüche zugunsten anderer zurückzustellen bereit ist, dann führen wir eine ungute Kausalität ein! Die Tugend der Rücksichtnahme auf andere Menschen wird auf die Stufe von Schulnoten herabgezogen, für die es, je nachdem, Belohnung oder Strafe gibt. Wir üben auf diese Weise *moralischen Leistungsdruck* aus und fördern damit nicht etwa die soziale Empfindsamkeit, sondern eine Art diplomatisch-berechnende Schlauheit, die im Kern höchst unsozial ist.

Sie sehen: *Moralisierende Erziehung* ist geradezu ein Widerspruch in sich. Wenn behauptet wird, die Entwicklung zwischenmenschlich-sozialer, sagen wir ruhig: christlicher Wertsetzungen und Haltungen in der Kindheit sei per definitionem eine Anpassungsleistung an die Erwartungen der Erwachsenenwelt, dann übersieht diese Argumentation etwas ganz Entscheidendes: Was auf diesem Gebiete ausschließlich im Anpassungsprozess erworben wird, ist gerade *keine* Moral, sondern höchstens eine Pseudomoral. Nun könnte man natürlich antworten: Gut, dann gibt es eben nur die Pseudomoral. Aber darüber will ich mich nun wirklich nicht lang und breit auslassen. Es gibt Dauerdiskussionen, die pure Zeitverschwendung sind. Bleiben wir lieber bei der Beobachtung der Lebenswirklichkeit und fragen uns: Wodurch fühlt sich ein Kind, das *keiner* gebotsmäßigen «Moralerziehung» unterworfen wird, veranlasst, nachahmende Sympathie zu entwickeln für soziale Tugenden, die ihm nicht abverlangt, sondern *vorgelebt* werden?

In Bezug auf die Moralentwicklung ist das lebendige Vorbild entscheidend! Aber dieses lebendige Vorbild würde gar nichts nützen, wenn im Kind nicht eine Kraft wirksam wäre, die mit freudigem Nachahmungseifer das Vorgelebte ergriffe und sich zu eigen machte, und zwar völlig unabhängig von irgendwelchen Vorteilserwägungen. Da gibt es eine *Affinität* im Kind zu dem, was in der Welt das Gute repräsentiert, und diese Affinität ist nicht anerzogen! Von der Erziehung hängt es ab, ob diese grundsätzliche, aber zunächst inhaltlich noch ganz unbestimmte Hingeneigtheit zum Guten die rechten Anknüpfungsmöglichkeiten findet, aber die Hingeneigtheit selbst wird nicht durch Erziehung hervorgerufen. Sie wird durch Erziehung allenfalls verdorben.

Beobachten Sie die leuchtenden Augen der Kinder, denen man zum Beispiel die Legende vom guten Roland oder die Nikolauslegende erzählt, Geschichten also, in denen «der gute Mensch» als Heldengestalt auftritt. Achten Sie darauf, wie die Kinder, namentlich die Kinder im Schulalter, mit Befriedigung und Stolz auf «gute Taten» ihrer Eltern reagieren. Auf Gemeinheiten der Eltern reagiert kein Kind mit Stolz, es sei denn, man hätte es mit Vorsatz in die Irre geführt. Und denken Sie ja nicht, das innere Einschwingen in eine Lebensgeschichte wie diejenige des Nikolaus von Myra vermöchte nur in solchen Kindern ein inneres Leuchten zu entzünden, denen man unentwegt moralische Belehrungen erteilt hat! Solange wir beim Versuch, seelische Phänomene zu erklären, immer wieder auf diese simplen Kausalketten hereinfallen, verstehen wir rein gar nichts.

Der Wahrnehmungsprozess als weltschöpferischer Prozess

Es ist der Engel, der sich in der nachahmungsbereiten Hingeneigtheit der Kinder zum Guten offenbart. Nun ist es aber so, dass der Engel im Verbund mit den Eltern einiges an Vorarbeit zu leisten hat, um die Bedingungen dafür zu schaffen, dass er in dieser Art wirken kann; und Sie werden gleich sehen, dass es sich bei diesen Vorarbeiten eben durchaus *nicht* um solche handelt, die man als moral- oder sittlichkeitserzieherische im geläufigen Sinne bezeichnen würde. Hier stoßen wir, ich wiederhole es, auf ein eminent wichtiges pädagogisches Grundmotiv. Moralische Erziehung darf, recht verstanden, keinen Belehrungscharakter haben, jedenfalls nicht in den ersten elf, zwölf Lebensjahren, sondern kann allein darin bestehen, die nötigen Voraussetzungen dafür zu schaffen, dass sich die im Kind selbst begründete Affinität zum Guten, die ja anfänglich den Charakter einer Bedürftigkeit, eines Anspruchs an die Mitwelt hat, in soziale Wahrnehmungsfähigkeiten und moralische Tatimpulse hineinverwandeln kann. Und hierfür kommt nun manches in Betracht, woran man gemeinhin überhaupt nicht denkt.

Die Liebe wirkt unter den Menschen nicht auf irgendeine mysteriöse, frei herumschwirrende Art, sondern braucht ihre Wahrnehmungs- und Ausdrucksorgane. Damit Sie verstehen, was ich meine, bedenken Sie, um ein Beispiel aus einem anderen Lebensgebiet zu wählen, dass Sie die Schönheiten der Welt nur würdigen können, weil Sie über entsprechend ausgebildete Sinnesorgane verfügen. Im Bereich des Sehens und Hörens empfinden wir das als eine Selbstverständlichkeit. Der Mensch lebt sich wahrnehmend, staunend in die Sphäre des Schönen ein, um dann, aus inneren Nachahmungskräften heraus, die sich später in freie Gestaltungsimpulse verwandeln können, selbst in dieser Sphäre aktiv zu werden. Man kann also finden, wie die Ausbildung des Sinnesmenschen in diesem Fall die Gewähr dafür bietet, dass dem Ausdrucksmenschen die rechten Impulse zufließen. Das hängt damit zusammen, dass die seelisch anteilnehmende Wahrnehmungstätigkeit eigentlich schon eine schöpferische Aktivität ist. Wenn beim Anblick eines Rosenstocks ein Glücksgefühl in mir aufkommt, das ich mit dem Wort «schön» umschreibe, dann fühle ich mich deshalb so persönlich berührt, so einbezogen, ja beinahe stolz, weil das Glücksgefühl nicht vom «äußeren Rosenstock» herkommt, sondern von dem Rosenstock, den ich betrachtend in mir neu gebildet habe. Es erfüllt mich mit Glück, dass ich einen Rosenstock erschaffen kann! Die Tatsache, dass ich Augen zum Sehen besitze, hat offenbar irgendetwas mit dem tiefgegründeten Bedürfnis der Seele zu tun, Dinge zu erschaffen: schöpferisch tätig zu sein. Die scharfe Trennungslinie, die wir zwischen Wahrnehmen und Wollen ziehen, ist eine eher theoretische. In der Realität sind die Grenzen fließend. Die Sinnesorgane dienen uns gleichsam als «Gefäße», in denen die hereindringende Außenwelt einer Art höherem chemischem Prozess unterworfen wird. Die Eindrücke werden «abgetötet», zunichte gemacht und dann wiederum neu aufgebaut. Jeder bewusste Wahrnehmungsvorgang im Kontakt zur Außenwelt gestaltet sich so. Der Mensch ist keine Spiegelreflexkamera. Er muss ein jedes Ding, dessen er *gewahr werden* will, eigenständig neu erzeugen! Sonst würden wir ständig alles vergessen.

Und in dieser erzeugerischen Tätigkeit, die aus Eindrücken erst *Erfahrungen* macht, liegt alles begründet, was wir im Leben an künstlerischen, bildnerischen Fertigkeiten darüber hinaus entwickeln. Wir finden übrigens die Wurzeln dieser Kunst des «Zunichtemachens und Neuerschaffens» von Eindrücken, durch die der Wahrnehmungsprozess zum weltschöpferischen Prozess wird, in der frühkindlichen Nachahmung. Glauben Sie nur nicht, das Nachahmen sei ein automatenhaftes Imitieren oder Abspiegeln der äußeren Wirklichkeit! Da durchlaufen, ganz im Gegenteil, die von der Außenwelt herkommenden Bilder, Klänge und so weiter eine komplette Verwandlung, und was dabei herauskommt, ist trotz der vielleicht täuschenden Ähnlichkeit etwas ganz anderes als der ursprüngliche Sinneseindruck. Man kann es entfernt vergleichen mit der heute nicht mehr so aktuellen, aber einstmals höchst bedeutsamen naturalistischen Malerei. Wenn der detailgetreu wiedergegebene Baum auf der Leinwand nur eine «Imitation» des modellstehenden Baumes gewesen wäre, dann hätte man sich ja sagen müssen: Wozu das Ganze – das Original ist allemal besser als die Fälschung?! Aber so verhielt es sich eben ausgesprochenermaßen *nicht*, wo ernstzunehmende Naturmalerei betrieben wurde, sondern diese Künstler haben uns das Geheimnis des schöpferischen Aktes im Wahrnehmungsprozess vorgeführt und diesbezüglich ein inneres Geschehen, das jeder kennt, anschaulich gemacht, ins Bewusstsein gehoben. Das war nötig, um zur wirklich freien, meta-gegenständlichen Kunst fortzuschreiten, wo sich der Künstler nun die Freiheit nimmt, das Wahrgenommene nicht dem äußeren Vorbild folgend neu zu erschaffen, sondern die Einzelbestandteile der *zerfallenen Bilder* mit spielerischer Willkür zu Neuem, in der gegenständlichen Welt nicht Auffindbarem zu komponieren oder auch den Zerfallsprozess als solchen bildnerisch zu dokumentieren.

Die Nachahmung und das Verlangen nach dem Guten

Aber der Zusammenhang zwischen Nachahmung und künstlerischem Prozess ist heute nicht unser Thema. Belassen wir es also dabei und halten fest: Das «Schönheitsempfinden» hat zunächst gar nichts mit Werturteilen oder ästhetischen Kategorien zu tun, sondern damit, dass wir uns in der Sinnestätigkeit als schöpferische, Wirklichkeit *erzeugende* Wesen erleben. In der nachahmenden Hingeneigtheit zu den Welterscheinungen erwacht die Kreativität, und nicht in der Auseinandersetzung des kleinen Kindes mit dem eigenen Kot, wie von populären Psychoanalytikern bis zum heutigen Tag hartnäckig behauptet wird.

Auch diese Leute haben einen Zipfel der Wahrheit erwischt,

indem ihnen aufgegangen ist, dass Kunst etwas mit Vernichtung und Umwandlung von Außenwelt zu tun haben müsse. In der Verdauung von Nahrungsmitteln geschieht ja etwas Vergleichbares. Man kommt dann zu solchen haarsträubenden Analogieschlüssen, weil man von der Arbeitshypothese ausgeht, dass seelisch-geistige Phänomene prinzipiell nur als Abwandlungen von ursprünglich physisch-leiblichen Phänomenen zu betrachten seien. Von dieser Arbeitshypothese gehen wir eben nicht aus. Ihr größter Mangel besteht darin, dass sie unpraktisch ist. Bleiben wir doch auf dem Teppich: Der größte Teil der Masse, die wir an Nahrungsstoffen aufnehmen, ist für den Körper unbrauchbar und wird deshalb wieder ausgeschieden. Die Darmentleerung hat keine geringere, aber auch keine weiterreichende Bedeutung. Mit Kreativität hat das so wenig zu tun wie das Husten mit einer Gedichtrezitation.

Aber die frühkindliche Nachahmung, die wahrlich ein viel größeres Lusterlebnis mit sich bringt als sämtliche Verrichtungen auf dem Töpfchen, hat viel, sehr viel mit Kreativität zu tun! Eindrucks- und Ausdruckswesen finden im Menschen durch die Nachahmung ihr Verhältnis zueinander. Sie ist nicht nur die erste Manifestation des gestalterischen Willens, sondern auch der maßgeblichste Schritt zur Sinnesreife, zu dem Vermögen also, mit Sinneseindrücken richtig umzugehen. In der Nachahmung, hat Rudolf Steiner in seinem Vortragszyklus *Die Erziehungsfrage als soziale Frage* gesagt, liege der Keim zur Freiheit. Das klingt paradox, aber Sie verstehen es vor dem Hintergrund dessen, was wir soeben besprochen haben, vielleicht etwas besser. Ich kann Ihnen als Heilpädagoge und Erziehungsberater aus vieljähriger Erfahrung versichern, dass ein auffälliger Zusammenhang zwischen pathologischen Unruhezuständen mit Konzentrationsschwächen bei Kindern und – aus welchen Gründen auch immer – unzureichender Nachahmungsaktivität in den ersten vier, fünf

Lebensjahren besteht. Wir arbeiten deshalb in der Tat mit den zappelig-nervösen Schulkindern therapeutisch so, dass wir sie im Sinne einer Nachreifung noch einmal ganz intensiv in die Nachahmung hineinführen, zum Beispiel über pantomimische Spiele, rezitatorisches Üben, Rhythmen, Klänge und Ähnliches. Damit können Sie auch zu Hause viel erreichen. Wie gesagt, Sie brauchen nicht immer die «Experten»! Nehmen Sie sich Zeit für Ihren Zappelphilipp, dreimal die Woche eine halbe Stunde, und machen Sie Spiele mit ihm, durch die er zur Nachahmung angeregt wird! Sie ebnen ihm damit den Weg, allmählich ins vertiefte, kreative Spiel hineinzufinden, und dieses wiederum braucht er für seine Konzentrationsfähigkeit, auch für die schulischen Anforderungen! Im Alter zwischen sieben und, sagen wir, zehn Jahren gewinnen Sie auf diese Art viel mehr als durch Nachhilfestunden oder tägliches Pauken. Und stellen Sie den Fernseher ab. Er ist einer der schlimmsten Feinde der gesunden Nachahmung.

Kehren wir aber nun von der Frage des Schönheitsempfindens und Willens zur «schönen Tat», die wir nur als Beispiel erörtert haben, zurück zu dem, was wir «nachahmungsbereit Hingeneigtheit zum *Guten*» nannten. Auch auf dieser Ebene gilt, wenngleich es nicht so offen zutage tritt, dass zunächst Wahrnehmungsorgane gebildet werden müssen und dann im reifen Umgang mit den entsprechenden Eindrücken aus jener Hingeneigtheit oder Affinität eigenständige, schöpferische Willensimpulse hervortreten können, vorausgesetzt, die Affinität – man kann auch sagen: das Vertrauen des Kindes – wird nicht zur moralisierenden Dressur missbraucht. Wir haben uns klargemacht, dass bei der Begegnung mit dem Guten, also mit erlebbarer Liebe in den Taten, Worten, Umgangsformen der anderen Menschen, etwas im Kind, gleichsam bestätigend, mit tiefer Befriedigung antwortet und dass dieses (inhaltlich noch ganz unbestimmte) Antwortende so wenig «anerzogen» ist wie zum Beispiel die Freude beim Anblick einer

Blumenwiese oder eines bunten Balles. Man müsste dem Kind die Freude an buntem Spielzeug schon *aberziehen*, wenn man etwas dagegen hätte, denn es entwickelt diese Freude zunächst ganz unabhängig davon, ob wir damit einverstanden sind oder nicht.

Und in der Tat: Wenn wir unsere Kinder in dieser Hinsicht *übersättigen*, dann nehmen wir ihnen die Freude. Sie müssen sich dann abschotten, unempfindlich machen gegen die sensationelle, knallbunte, glitzernde, tutende Spielzeugwelt, die wir vielleicht mit bester Absicht um sie herum aufgebaut haben. Das Ergebnis ist die berühmte Langeweile, also eigentlich Gleichgültigkeit. Da fangen wir schon an, den Künstler im Menschen zu verderben! Und ganz in derselben Art verderben wir den liebefähigen Menschen, wenn wir die staunend-erwartungsvolle Offenheit für das Gute, die er hereinträgt ins Leben, mit pausenlosen Belehrungen, moralischen Appellen und frommen Redensarten beantworten. Auch das erzeugt Gleichgültigkeit! Nein, nicht darauf kommt es an, sondern auf dasjenige, was wir ganz unaufdringlich vorleben! Aber um dieses Vorgelebte in der rechten Art zu erfassen, das heißt mit innerer Beteiligung aufzunehmen und in frei verfügbares seelisches *Eigentum* zu verwandeln, bedarf es, wie gesagt, bestimmter Wahrnehmungsfähigkeiten. Diese Wahrnehmungsfähigkeiten sind beschreibbar. Es ist beschreibbar, wie der Engel im Verbund mit den Eltern und sonstigen Bezugspersonen daran arbeitet, diese Wahrnehmungsfähigkeiten zu wecken, und ich will Ihnen den Versuch einer solchen Beschreibung zumuten.

Dabei beziehen wir uns auf ein bis heute noch nicht, vor allem in Bezug auf die Entwicklung des Kindes noch nicht genügend gewürdigtes Gebiet der anthroposophischen Menschenkunde, nämlich auf die von Rudolf Steiner im Grundriss hinterlassene erweiterte Sinneslehre. Wir behalten im Auge, dass wir den Engel als diejenige Wesenheit beschrieben haben, die den Menschen zur Idealbildung, sagen wir: zur moralischen Fantasie befähigen will.

Impulse der Liebe will er hineingießen in die Menschenseele, und wir fragen uns jetzt, in welcher Art er, um dies zu erreichen, gleichsam «gefäßbildend» tätig ist in der ersten Lebenszeit.

2. Auf den Spuren des Lebenssinnes

Vorbemerkungen

Rudolf Steiner hat bei seinen Forschungen über die menschliche Sinnesorganisation *zwölf* Qualitäten entdeckt, die er allesamt als «Sinne» bezeichnet, weil nach seiner Definition ein «Sinn» eine Wahrnehmungsfähigkeit ist, durch die wir ohne Zuhilfenahme des Verstandes von einem bestimmten Bereich unserer Existenz und Lebenswelt *unmittelbar* Kunde erhalten. Wenn ich zum Beispiel vor einem Baum stehe und die Feststellung treffe: «Dies ist ein Baum», so knüpft sich zwar diese Feststellung an den Sinneseindruck einschließlich der Empfindungen, die er in mir auslöst, aber die Feststellung – das Urteil, der Begriff – ist nicht der Sinneseindruck. Diese Unterscheidung ist zwingend, weil man sonst sagen müsste, ein ganz kleines Kind, das weder Urteile fällen noch Begriffe bilden kann, habe keine Sinneseindrücke, was offenkundiger Unsinn wäre.

Wir können hier nun nicht den Kreis der zwölf Sinne komplett durchwandern und auch diejenigen, mit denen wir uns vertraut machen wollen, nur in Ansätzen behandeln. Zur Orientierung nur so viel: Wir unterscheiden, Rudolf Steiner folgend, drei «Sinnesbezirke», nämlich die sogenannten Leibes- oder Basalsinne, auch «willensverwandte» Sinne genannt (mit diesen werden wir uns beschäftigen), zweitens die Seelen- oder «gefühlsverwandten» Sinne (Geruchs-, Geschmacks-, Seh- und Wärmesinn) und drittens die unmittelbar auf die mitmenschliche Umgebung bezogenen «Sozialsinne» oder «höheren Sinne», deren Leistungen zwar ausdrücklich keine Denkleistungen sind, die aber doch einen engen Bezug zum Denk- und Vorstellungsleben haben (Hör-, Sprach-, Gedanken- und Ich-Sinn). (Sie finden, wenn Sie sich für diese Dinge interessieren, einen Überblick in der Reihe *Rudolf Steiner, Themen aus dem Gesamtwerk*, Band 3, «Zur Sinneslehre».) Nun wird sich vielleicht mancher wundern, dass ich im Zusammenhang mit der Entwicklung sozialer Fähigkeiten nicht den Bezirk der sogenannten Sozialsinne mit Ihnen besprechen will, sondern die Basalsinne, die man auch als «selbstwahrnehmende Sinne» bezeichnen kann. Aber vergessen Sie nicht: Wir fragen jetzt nach der «gefäßbildenden» Tätigkeit des Engels, nach den *Vorbereitungen* also, die notwendig sind, damit sich der Mensch später mit echter, anteilnehmender und vielleicht sogar selbstloser Aufmerksamkeit dem Mitmenschen zuwenden, in seine Sprachmodulation eintauchen, seine Gedanken mitdenken, seine unverwechselbare Individualität erspüren kann. Dazu ist manches erforderlich, was erst einmal recht mühsam erworben werden muss.

Vom «Urbehagen»

Lassen Sie mich (entgegen der sonstigen Gepflogenheit, den *Tastsinn* zuerst zu nennen) mit dem sogenannten *Lebens- oder Vitalsinn* beginnen. Ich meine, die gründliche Beobachtung der kindlichen Entwicklung gibt uns das Recht, diesen Sinn, der zugleich der am schwersten beschreibbare ist, als *Fundamentalsinn* zu bezeichnen – wie gesagt, unter entwicklungspsychologischen Gesichtspunkten; unter anderen Gesichtspunkten ist es ebenso berechtigt, mit dem Tastsinn den Anfang zu machen. Auch Rudolf Steiner ist hier nicht einheitlich vorgegangen. Was ist nun unter «Vitalsinn» zu verstehen? Steiner sagte: «Die erste menschliche Eigenwahrnehmung wird durch den Lebenssinn gegeben, durch den der Mensch als ein Ganzes sich seiner Körperlichkeit nach bewusst wird.» Also von einem *Ganzheitserlebnis* ist die Rede, vom *ersten* Erlebnis dieser Art überhaupt, das ein *körpervermitteltes* ist. Hinlauschend auf den eigenen Leib stellt sich beim Kind nach und nach die Empfindung von *Vertrautheit* ein, die ihm eine erste, noch ganz traumhafte Identitätserfahrung ermöglicht. Es findet Geborgenheit in der Verkörperung. Das Gefühl des «Durchbehaglichtseins» (wie sich Steiner einmal ausdrückt) oder Beheimatetseins in sich selbst gibt eine grundlegende Daseinsorientierung, auf die alle anderen, späteren Orientierungsleistungen aufbauen. Dementsprechend bedeutet es für das Kind einen nicht geringfügigen Orientierungs*mangel*, wenn dieses Behaglichkeits- oder Geborgenheitsgefühl beeinträchtigt ist. Und es ist natürlich in der ersten Lebenszeit andauernd beeinträchtigt! Jede Art von leiblicher Unpässlichkeit wirkt desorientierend auf den Lebenssinn, also ganz konkret wie eine Wahrnehmungsstörung. Das gilt besonders für die Zeit, in der die Basalsinne noch nicht voll ausgebildet sind und sich in einem entsprechend labilen Zustand befinden.

Für das spätere Leben gilt es ebenfalls, aber beim Erwachsenen muss man einschränken, dass er in der Regel dazu imstande ist, sein Realitätskonzept auch dann einigermaßen aufrechtzuerhalten, wenn die Lebenssinnfunktion, etwa durch Schmerzen, vorübergehenden Störungen unterliegt. Das hängt vor allem damit zusammen, dass der Lebenssinn mit der Zeit eine Erweiterung erfährt. Nach und nach wird durch ihn nicht nur das allgemeine leibliche Daseinsgefühl vermittelt, sondern es kommt eine *temporäre* Qualität hinzu, die wir als das *Sich-Erspüren in der Kontinuität des eigenen Lebenslaufs* bezeichnen können. Wir dürfen den Vitalsinn auch «biografischen Sinn» nennen, und in dieser Eigenschaft kann er durchaus weiterfunktionieren, wenn er auf der Seite der Leibwahrnehmung gestört ist. Aber das ist im Kindesalter, namentlich bei ganz kleinen Kindern, noch nicht relevant. Da müssen wir den Lebenssinn zunächst als reinen Leibessinn auffassen und dabei allerdings gut im Auge behalten, dass er nicht zuletzt deshalb sorgsam gepflegt werden muss, damit er später seine Aufgabe als biografischer Sinn ordnungsgemäß erfüllen kann. Worauf kommt es also zunächst an?

Lassen Sie mich noch einige verdeutlichende Bemerkungen zur primären Lebenssinnfunktion anfügen. Der Hörsinn, um diesen als Beispiel zu nehmen, wird ja bekanntlich durch schrille Missklänge, allzu große Lautstärke oder wirres Geräuschdurcheinander nicht positiv angesprochen, sondern *irritiert*, während ihm angenehme Musik offenbar wohltut. Ganz Ähnliches gilt für den Lebenssinn. Auf ihn wirken körperliche Unbehaglichkeitsgefühle gleichsam misstönend und damit störend. Er ist hingegen «in seinem Element», wenn er, hineinlauschend ins Leibesinnere, eine ruhige, harmonische Grundverfassung vorfindet. Jede Sinnesfunktion hat eine *Zieldynamik*, das heißt, es ist mit jeder Wahrnehmungstätigkeit eine *unbewusste Erwartung* verbunden hinsichtlich dessen, was wir in dem betreffenden Wahrnehmungsfeld anzutreffen wünschen. Diese Zieldynamik oder Zielvorgabe entspricht jeweils der orientierenden Aufgabe des Sinnes. Sie kommt uns normalerweise nur dann zu Bewusstsein, wenn sie *nicht* erfüllt wird. Welche Orientierungshilfe ich von meinen Augen wie selbstverständlich erwarte, wird mir im gewöhnlichen Leben erst richtig klar, wenn ich plötzlich Sehstörungen habe, also zum Beispiel Doppelbilder oder perspektivische Verschiebungen mich irritieren; so etwas kann ja vorkommen. Die Verunsicherung ist bekanntermaßen ganz erheblich. Wie ich natürlich erst einmal die Augen öffnen muss, um zu bemerken, dass ich nicht richtig sehe, erhalte ich nur durch den auf meine körperliche Verfassung beständig hinlauschenden Vitalsinn Kunde von organischen Unpässlichkeiten. Aber diese kommen mir nicht als erwartungsgemäße Lebenssinnwahrnehmungen zu Bewusstsein, sondern als *Irritationen* innerhalb der Wahrnehmungsfelder. Die menschlichen Sinne dienen nicht nur einfach der Kenntnisnahme dessen, was der Fall ist. Sie dienen vor allem auch der (Rück-) Versicherung in Hinsicht auf Beständigkeit und Verlässlichkeit der Fundamente unseres Daseins.

Beim Lebenssinn wird das besonders deutlich. Seine primäre Tätigkeit ist die kontinuierliche Rückversicherung, ob das *Leibesfundament* den tragenden, Geborgenheit und Ruhe vermittelnden Untergrund bietet, den es bieten muss, damit sich die Persönlichkeitsentwicklung im Wechselverkehr mit der Umwelt ungestört vollziehen kann. *Sekundär* erhalten wir dann vermittelst des Lebenssinnes auch Kunde von bedrohlichen oder doch beunruhigenden Schwankungen dieses Untergrundes, aber nun wird augenblicklich das Wachbewusstsein eingeschaltet und sucht nach Wegen, die *reine* Sinnesfunktion (den erwartungsgemäßen Zustand) wieder herzustellen. Wenn irgendetwas im Inneren wehtut oder leibliche Missempfindungen verursacht, dann ist, um mit Rudolf Steiner zu sprechen, «der Lebenssinn, der sonst als Behaglichkeit heraufstrahlt, so, dass er gestört ist, geradeso wie ein äußerer Sinn gestört ist, wenn man zum Beispiel schlecht hört». Der Lebenssinn erfüllt also nur dann die ihm bestimmungsgemäß zukommende, *orientierende* Aufgabe, wenn seine (ich zitiere wiederum Steiner) «in die Seele hineingestrahlte Wirkung [das] Durchdrungensein von Behaglichkeit» ist. Das müssen wir festhalten, um nicht auf den Gedanken zu verfallen, die eigentliche Bestimmung des Lebenssinnes sei die Wahrnehmung der Vorgänge, die ihn stören. Hans Jürgen Scheurle hat insofern mit der Einführung der Bezeichnung «Behagenssinn» einen durchaus glücklichen Griff getan.

Randbemerkungen zum schwierigen Thema «Lebenssinn»

Kürzlich wurde bei einer Diskussion der Einwand vorgebracht, man könne, wenn man «Behagenssinn» sage, mit demselben Recht auch «Unbehagenssinn» sagen. Das ist nur teilweise richtig. Wenn wir uns fragen, wie das Wahrnehmungsfeld, auf das ein Sinn gerichtet ist, beschaffen sein muss, damit wir in dem betreffenden Wahrnehmungsfeld ideal orientiert sind, dann wird zum Beispiel deutlich, dass das günstigste Milieu für den Sehsinn die *gemäßigte Helligkeit* ist. Dementsprechend ist das günstigste Milieu für den Lebenssinn das *wohltemperierte, ruhige Körpergefühl.* Der Sehsinn ist bei relativer Finsternis *beeinträchtigt*, bei völliger Finsternis *suspendiert* und zum Beispiel bei blendend hellem Lichteinfall *irritiert.* Ähnliches gilt für den Lebenssinn. Er ist bei herabgesetztem oder sogar weitgehend ausgeschaltetem Körpergefühl (z. B. durch Betäubungsmittel) beeinträchtigt bzw. suspendiert, durch unbehagliche (das heißt immer: zu starke) Körperempfindungen irritiert. Wir sind also im Wahrnehmungsfeld des Lebenssinnes gut orientiert, wenn wir unterschwellig das wohltemperierte, ruhige Körpergefühl haben. Ich habe in meinem Buch *Vom Rätsel der Angst* gezeigt, dass es sich dabei um ein *schlafverwandtes* Gefühl handelt, dass also der Lebenssinn wahrnehmend hingeneigt ist zu den Teilen unseres Wesens, die auch im Wachzustand gewissermaßen weiterschlafen. Man darf sich nicht davon täuschen lassen, dass die Bezeichnung «Vitalsinn» zunächst eher an «Vitalität» in der umgangssprachlichen Bedeutung denken lässt (Aufgewecktheit, Quicklebendigkeit, Frische). Das allgemeine Kraft- und Frischegefühl ist zwar in der Tat zu einem wesentlichen Teil lebenssinnvermittelt, aber es resultiert eben daraus, dass wir untergründig wahrnehmen: da drinnen im Leib ist alles ruhig, warm und wohlig. Diese Wahrnehmung gibt gleichsam den Boden ab für die daraus ersprießenden Empfindungen von Kraft und Frische.

Wie die Blumen, um der Sonne entgegenzublühen, in gut gewässertem, ausreichend warmem und lockerem Erdreich verwurzelt sein müssen, so ist das, was wir als «Vitalität» empfinden, in unsrem wohltemperierten, ruhigen Körpergefühl verwurzelt und kann von dort aus dem Ich entgegensprießen. In der Regel *quillt* das Kraft- und Frischegefühl am Morgen, nach erholsamem Schlaf, aus der Lebenssinnsphäre, aber nicht *nur* aus ihr, hervor. Am Abend, wenn wir eher behäbig werden, verschwindet dieses hervorquellende Gefühl, ohne dass deshalb die lebenssinnvermittelte Grundsicherheit bedroht wäre. Sie ist (körperliche Gesundheit vorausgesetzt) erst dann bedroht, wenn wir dem Ruhebedürfnis, das eigentlich einem Bedürfnis nach *Hingabe an die Lebenssinnsphäre* (das heißt: Einstellung aller kräftezehrenden Aktivitäten einschließlich Bewusstseinsleistungen) entspricht, nicht stattgeben, sondern uns künstlich wachhalten bzw. -machen. Die übrigen Leibessinne (Tast-, Bewegungs- und Gleichgewichtssinn) sind schon im gewöhnlichen Müdigkeitszustand offensichtlich getrübt. Der Lebenssinn nicht. Er ist, wenn wir uns der «Behäbigkeit» und Schläfrigkeit überlassen, ganz in seinem Element, weil wir dabei die *Abbauprozesse* auf ein Minimum zurückschrauben, wodurch die *aufbauend-regenerativen* Prozesse in den Vordergrund treten können. Erst bei Abgeschlagenheit und Ausgezehrtheit, also infolge wirklichen Raubbaues an den Vitalkräften, tritt eine Lebenssinnstörung auf, die sich bezeichnenderweise oftmals so äußert, dass man trotz großer Erschöpfung nicht einschlafen kann. *Beim wohligen Einschlummern übernimmt der Vitalsinn die Regentschaft über den gesamten Sinnesorganismus.* Er ist der Sinn, dessen Grundfunktion im Wechsel zwischen Schlafen und Wachen unverändert dieselbe bleibt. Das Kraft- und

Frischegefühl ist eine ins bewusste Seelenleben heraufgestrahlte «Mitteilung» des Lebenssinnes über die Fülle des «unterirdischen Kräftereservoirs», über unsere Verfassung also in dem Bereich, wo wir auch nach dem Aufwachen weiterschlafen bzw. (was dasselbe ausdrückt) wo trotz der gesteigerten Abbautätigkeit (Verschleiß durch körperliche und geistige Aktivität im Wachzustand) weiterhin aufbauende (belebende) Prozesse stattfinden (Kräftezuwachs aus der «Schlafregion»).

Diese aufbauenden Prozesse werden in unseren Betrachtungen als «ordnend-harmonisierend» bezeichnet (im Gegensatz zum destabilisierenden Abbau) und als Wahrnehmungsfeld des Lebenssinnes beschrieben. Ungeordnet «ins Kraut schießende» Vitalkräfte sind also nicht gemeint. Sie irritieren den Lebenssinn. Aber das Kraft- und Frischegefühl resultiert darüber hinaus, wie wir sehen werden, auch aus den Einflüssen, die von der Nachtseite her erstens das Tastempfinden aufbauen («formend-konfigurierend»), zweitens die Bewegungssicherheit begründen («lösend-koordinierend») und drittens das körperlich-seelische Gleichgewicht und aufrechte Stehen und Gehen ermöglichen («lichtend-integrierend»). Es handelt sich also um ein allgemeines Lebensgefühl des Ausgeschlafen- und Erholtseins, das sich aus den Wahrnehmungen aller vier Leibessinne zusammensetzt: Behaglichkeit (Lebenssinn), Form- und Hüllengefühl (Tastsinn), Dynamik (Bewegungssinn), Durchdrungenheit von der aufrichtenden Lichtkraft (Gleichgewichtssinn). Dem *Vitalsinn* ist innerhalb dieses Spektrums die Empfindung des ruhigen, warmen Lebensstromes («Urbehagen») zuzuschreiben. Diese Empfindung ist in der Tat wesentlich mitbeteiligt am allgemeinen Kraft- und Frischegefühl. *Alle* körperbezogenen Empfindungen sind insoweit vom Vitalsinn tingiert, *als das Behaglichkeitsgefühl in ihnen enthalten ist.*

Der positive, ruhige Wachzustand und das «Weltprinzip Güte»

«Niemand kann die Sinne verstehen», heißt es bei Rudolf Steiner, «der nicht weiß, dass es eine Möglichkeit gibt, sich als Ganzes innerlich zu fühlen.»

Es sind die ersten, grundlegenden Erfahrungen von *Ganzheit* und *Kontinuität*, die wir dem Lebenssinn verdanken. Er beschert dem heranwachsenden Kind das Wohlgefühl des In-sich-selbst-Ruhens und die Sicherheit des Bei-sich-selbst-Bleibens. Dieses zunächst auf die körperliche Eigenwahrnehmung bezogene Geborgenheits- und Beständigkeitserlebnis ist von allergrößter Wichtigkeit für das spätere Leben. Nicht nur das Maß unseres Selbst- und Daseinsvertrauens hängt davon ab, sondern, wie wir gesehen haben, auch die Frage, ob wir, hinschauend auf den eigenen Lebenslauf, den Eindruck eines kontinuierlichen Werdestroms oder eines bruchstückhaften, unzusammenhängenden Konglomerats von Einzelereignissen gewinnen.

Aber sehen Sie, dieser Sinn ist nun beileibe nicht gleich zu Anfang des Lebens ausgereift, sondern ganz im Gegenteil. Beobachten Sie ein Kind in den ersten Lebensmonaten. Was fällt Ihnen auf, wenn Sie alle romantischen Beschönigungen beiseite lassen? Das Baby steht so sehr auf Kriegsfuß mit dem eigenen Leib, dass es im Grunde genommen immer nur schlafen will, um sich nicht spüren zu müssen! Da ist von Behaglichkeit zunächst recht wenig zu bemerken. Der Körper macht ständig Scherereien.

Wenn die ganz kleinen Kinder wach sind, dann haben sie Hunger oder verspüren ein unangenehmes Rumoren in den Eingeweiden; sie frieren, schwitzen, werden von ihren Ausscheidungen gepeinigt oder was auch immer – auf alle Fälle ist das *Körpergefühl im Wachzustand* alles andere als angenehm. Erst wenn die Mutter alles Nötige getan hat, um die leiblichen Missempfindungen zu beseitigen, kehrt Ruhe ein – das Kind wird müde. Nur im Schlaf oder an der Schwelle zum Einschlafen erleben die neugeborenen Kinder jenes Behaglichkeitsgefühl, an dem sich der Lebenssinn orientieren kann.

Aber das ändert sich glücklicherweise. Nach einigen Wochen tritt nämlich, wenn alles gut geht, dasjenige auf, was im entwicklungspsychologischen Sprachgebrauch der *positive, ruhige Wachzustand* genannt wird. Jetzt kommt es immer häufiger vor, dass das Kind nach dem Aufwachen nicht sogleich zu zappeln und zu schreien anfängt, sondern leise vor sich hinplappert, mit den Fingern spielt und augenscheinlich mit sich und der Welt zufrieden ist.

Daran erkennen wir, dass sich einerseits der Organismus (den wir nicht in oberflächlicher Art nur als «biologischen», sondern als *beseelten* Organismus begreifen lernen müssen, weil wir sonst wirklich alles missverstehen) allmählich an die Bedingungen des Erdenlebens angepasst hat und andererseits, infolgedessen, ein positives Körpergefühl entstanden ist. Dieses positive Körpergefühl hat nun *in sich* eine gewisse Konstanz und Verlässlichkeit, will sagen: Es kann nicht mehr so leicht durch Geringfügigkeiten wie gewöhnlichen Hunger, ein Zwicken da, ein Jucken dort, außer Kraft gesetzt werden.

Das ist ein weiteres bedeutsames Kennzeichen für den gut ausgereiften Lebenssinn: Die durch ihn vermittelte Fähigkeit, «sich als Ganzes innerlich zu fühlen» (so die Charakterisierung von Rudolf Steiner), diese leibgerichtete Grundorientierung, hält einem relativ hohen Grad von Anfechtungen stand, ohne zusammenzubrechen. Wo hingegen Störungen des Lebenssinnes vorliegen, ist diesbezüglich die Toleranzschwelle viel niedriger. Da genügt schon wenig, um einen Orientierungsverlust herbeizuführen. Ich komme auf das typische Störungsbild noch zu sprechen.

Nun hat also das kleine Kind gelernt, dass dieses Leibeshaus, in dem wohnen zu müssen es anfangs mit Entschiedenheit mißbilligte, ein Ort der Gemütlichkeit, ja des (selbst)genießerischen Sich-Wohlfühlens sein kann. Wie hat es denn das gelernt? Wie kommt es, dass sich der beseelte Organismus an die Erdenverhältnisse gewöhnt, durch die er zunächst offensichtlich überfordert war? Nun, die erste Antwort liegt auf der Hand: durch alle Pflege- und Fürsorgehandlungen, die Sie dem Kind so zugefügt haben, dass Sie auf sein leibliches Wohlbehagen bedacht waren. Ich betone dieses «so», um gleich den Irrtum auszuräumen, mit der pflichtgemäßen Befolgung hygienischer und medizinischer Vorschriften sei der Lebenssinnpflege schon Genüge getan. Wenn dem so wäre, hätten wir als Kindertherapeuten eine ganze Menge Probleme weniger, denn man kann ein Kind durchaus ordnungsgemäß versorgen und dennoch vernachlässigen. Nein, es geht nicht um die Pflichterfüllung. Es geht darum, dass Sie sich mit *Muße und Andacht* diesen körperpflegerischen, ernährenden, wärmenden Aufgaben widmen. Sie müssen es mit wirklicher innerer Beteiligung tun! Denn Lebenssinnpflege ist durchaus nicht identisch mit Körperpflege. Die Erlebniswelt des kleinen Kindes ist zwar überwiegend der eigene Leib, es lebt im Zustand der *leibvermittelten Weltwahrnehmung*, aber das erlebende und wahrnehmende Subjekt ist ja trotzdem ein *seelisches Wesen* und reagiert als solches nicht in erster Linie auf das *Was*, sondern auf das *Wie*. Sie erziehen den Lebenssinn, indem Sie das Kind die *Güte am Leib* erfahren lassen.

Dadurch, dass der eigene Leib zum Erfahrungsfeld für das «Weltprinzip Güte» wird, dass sich also menschliche Wärme, Zärtlichkeit und so weiter zunächst der Kindesseele über den Leib mitteilen, entsteht erst jene Grundsicherheit, die für den Lebenssinn das rechte Milieu bildet. Und zugleich findet dadurch die «nachahmungsbereite Hingeneigtheit zum Guten», die wir vorhin kennengelernt haben, eine erste, folgenreiche Orientierungsmöglichkeit. Rudolf Steiner hat einmal gesagt, jedes Kind trage am Beginn seines Lebensweges die tiefe, unbewusste Überzeugung in sich, die Welt sei durch und durch moralisch (*Allgemeine Menschenkunde als Grundlage der Pädagogik*). Es hängt immens viel davon ab, ob diese «Grundannahme» (Steiner) in den ersten Lebensmonaten eine leiblich-sinnlich erfahrbare Bestätigung findet oder nicht.

Lebensrhythmen und Daseinsvertrauen

Für die Erziehungspraxis gilt also, dass Sie dem Kind Hilfe zur Lebenssinnreifung bieten, indem Sie der Leibespflege, dem zärtlichen Körperkontakt, der Ernährung, Wärmung und Bekleidung (es spielt schon eine Rolle in Bezug auf das allgemeine Daseinsgefühl, was ich den ganzen Tag auf der Haut trage) genügend Aufmerksamkeit schenken und sich dieser Aufgabe wirklich mit liebevoller Hingabe widmen. Muße brauchen Sie dazu, Geduld und Umsicht, die Fähigkeit, innerlich zur Ruhe zu kommen, sich in eine gewisse Andachtsstimmung zu versetzen. Das wird natürlich nicht immer gehen, aber es ist ja schon viel gewonnen, wenn es wenigstens hin und wieder gelingt. Eine große Hilfe ist dabei die Rhythmisierung des Alltags – nicht die durch Äußerlichkeiten erzwungene Rhythmisierung, sondern die bewusst ergriffene.

Man kann zum Beispiel jeden Abend eine halbe Stunde bewusst so einrichten, dass man versucht, sich für diese Zeit nicht nur äußerlich, sondern auch innerlich aus dem Getriebe des Alltags herauszureißen und nun ganz für das Kind da zu sein, jeden Handgriff, der sonst vielleicht ein Routinehandgriff wäre, mit wirklicher seelischer Anteilnahme auszuführen, jedes Wort, das man spricht, mit Bedacht *zum Kind* zu sprechen und ansonsten zu schweigen, jedes Telefonklingeln zu ignorieren, jedes gedankliche Herumschweifen zu vermeiden; sich wieder einmal so recht klar darüber zu werden, und sei es nur für diese eine halbe Stunde, was das für ein Wunder ist, so ein kleines Menschlein in den Armen zu halten. Wenn Sie das in einem bewusst von Ihnen selbst festgelegten Rhythmus jeden Tag zur selben Zeit versuchen, werden Sie bald bemerken, wie wohltuend es nicht nur für das Kind, sondern auch für Sie ist. Das Mutter-Kind-Verhältnis erfährt durch solche dem Alltag abgetrotzten und doch mit ganz alltäglichen Verrichtungen einhergehenden Bemühungen, die durchaus den Charakter von Seelenübungen haben, eine nachhaltige Vertiefung. Das Vater-Kind-Verhältnis übrigens auch. Die Väter sollen sich bitte genauso angesprochen fühlen wie die Mütter, sonst geraten wir in eine Schieflage. Man kann einer Mutter von zwei, drei oder mehr Kindern nicht predigen, sie müsse sich der rechten Muße und Andacht befleißigen, wenn sie den gesamten Haushalts- und Erziehungsbereich allein zu bewältigen hat.

Wenn wir gerade beim Rhythmus sind: Alles, was Sie tun, um das Zusammenleben mit dem Kind im Sinne des eben erwähnten Beispiels bewusst zu rhythmisieren, hat nicht nur den Vorteil, dass Sie dadurch zu größerer Ruhe und Besonnenheit finden, sondern es liegt darin auch ein Stück pädagogische Milieupflege, die sich beim Kind direkt niederschlägt auf die inneren Organrhythmen sowie auf den Schlaf-Wach-Rhythmus, der seinerseits wiederum gesundend in das Stoffwechselgeschehen hineinwirkt. Diese Zusammenhänge müssen Sie im Auge haben. Roswitha Heimann zitiert in ihrem glänzenden Buch *Der Rhythmus und seine Bedeutung für die Heilpädagogik* Ursula Müller mit den Worten: «Rhythmus als Moment des inneren Haltens bedeutet, dass die dem Wechsel unterworfenen Gefühle und Stimmungen durch einen dauernd innerlich erfüllenden Gehalt gebunden werden.»

Beim ganz kleinen Kind ist die Regulierung von Gefühlen und Stimmungen nicht zu trennen von der Regulierung der Stoffwechselprozesse, und ein zentraler Regulationsfaktor ist hierbei der Rhythmus. Indem Sie das Leben mit dem Kind und für das Kind rhythmisch organisieren, erteilen Sie sozusagen der seelisch-leiblichen Individualität, die zum Bewusstsein ihres «dauernd innerlich erfüllenden Gehaltes», also zum Ich-Bewusstsein erwachen will, «rhythmischen Unterricht».

Getragen sein von Lebensrhythmen heißt im weitesten Sinn atmen lernen. Dies führt nicht nur «zu einer allgemeinen Kräftigung der Konstitution», wie Dieter Schulz in seinem Büchlein *Frühförderung in der Heilpädagogik* ganz richtig geschrieben hat, sondern trägt außerdem dazu bei, dass ein Persönlichkeitsbewusstein – oder genauer noch: ein Bewußtsein personaler Kontinuität – entstehen kann. «Im Atemprozess werden wir Seele», äußerte Rudolf Steiner einmal. Der Herz-Atem-Rhythmus, der sich im Laufe der Kindheit allmählich stabilisiert und zum relativ umweltunabhängigen Eigenrhythmus wird, bildet die Grundlage für Daseinssicherheit und Selbstvertrauen. Man braucht ihn, um sich «als Ganzes innerlich zu fühlen», genauso, wie man den physischen Leib selbst dazu braucht. Das Mitleben mit den Rhythmen der Natur ist uns und den Kindern heute kaum noch vergönnt. Deshalb müssen wir das rhythmische Prinzip in die pädagogische Milieupflege einführen. Wir begünstigen dadurch die Lebenssinnreifung.

Das unruhig-nervöse Kind

Rufen wir uns in Erinnerung: *Muße und innere Andacht* sind die Begriffe, mit denen sich am besten die seelische Grundhaltung umschreiben lässt, von der alles getragen sein sollte, was wir äußerlich, also in Bezug auf Ernährung, Wärmung, Körperpflege, Rhythmus- und Schlafpflege, für die Lebenssinnreifung tun können, weil andernfalls die äußeren Verrichtungen, ich sage es einmal so hart, einfach ins Leere gehen. Und nun brauche ich Sie ja nicht darüber zu belehren, dass wir als Zeitgenossen gerade von diesen Qualitäten der Muße und inneren Andacht so weit wie nur möglich entfernt sind. Sie alle wissen das aus eigener Erfahrung; ich weiß es – als Vater zweier Töchter – auch. Da wundert man sich eigentlich nicht mehr, dass Verhaltensstörungen, die auf Entwicklungsdefiziten des Lebenssinnes beruhen, heute zu den gravierendsten Problemen gehören, mit denen Eltern, Lehrer, Kinderärzte und Kindertherapeuten konfrontiert sind. Was sind das für Probleme?

Der Lebenssinn bietet, wie wir gesehen haben, Gewähr für ein Daseinsgefühl des In-sich-Ruhens, der Geborgenheit und Beständigkeit. Durch ihn erlebt sich das Kind als Seelenwesen im Leib gehalten und als Leibeswesen seelisch durchkraftet. Er vermittelt die Grunderfahrung von körperlich-seelischer Ganzheit; das «Durchdrungensein von Behaglichkeit» (Steiner) ist der Zustand, auf den sich seine Erwartung («Zieldynamik») richtet, und mit zunehmender Orientierungssicherheit erhöht sich die Toleranzschwelle für Zustandsveränderungen, die der Erwartung zuwiderlaufen. Oder einfacher und etwas bildhaft gesprochen: Ein kerngesund entwickelter Lebenssinn vermag wohl zu unterscheiden zwischen kleinen und großen Irritationen. Wenn er «Leibschmerzen» vermeldet, ist die primäre Wahrnehmung, «sich als Ganzes innerlich zu fühlen», noch lange nicht außer

Kraft gesetzt. Deshalb können wir bei körperlichen Unpässlichkeiten, wenn sie nicht zu stark sind, dennoch das Gefühl haben, im Großen und Ganzen auf festem innerem Grund zu stehen. *Die primäre Lebenssinnwahrnehmung weist eine relativ hohe Beständigkeit gegenüber den sekundären Lebenssinnwahrnehmungen (Wahrnehmungen von Unstimmigkeiten) auf.*

Dies ist bei lebenssinngestörten Kindern nicht der Fall. Jede kleine Unpässlichkeit wühlt gewissermaßen sofort den Daseinsgrund auf. Das Hinlauschen auf den eigenen Leib löst Gefühle von Beklemmung, Aufgekratztheit, Unwohlsein aus. Ganz selten ist diesen Kindern das Erlebnis des «Durchbehaglichtseins» vergönnt, von dem Steiner spricht, und zwar in aller Regel nur dann, wenn sie so erschöpft sind, dass sie die Müdigkeit nicht mehr abwehren können. Tagsüber ist das Abwehren der Müdigkeit, überhaupt das Abwehren beziehungsweise Vermeiden jeder Art von Ruhezustand, geradezu ihre Hauptbeschäftigung, denn im Ruhezustand wird das Bewusstsein auf den eigenen Leib hingelenkt, da schiebt sich die Lebenssinnwahrnehmung in den Vordergrund, und wenn die Empfindungen, die dabei auftreten, unangenehm sind, fangen die Kindern an zu zappeln, herumzurennen, unaufhörlich zu reden oder Geräusche zu produzieren, dauernd mit den Fingern an irgendetwas herumzunesteln, Nägel zu kauen, Grimassen zu schneiden und so weiter und so fort. Sie halten sich gern in lärmender, hektischer Umgebung auf, weil sie dadurch von sich abgelenkt werden, und wenn draußen Ruhe einkehrt, sorgen sie umgehend selber für Lärm und Hektik.

Oft entwickeln diese Kinder sogenannte nervöse Ticks, zum Beispiel notorisches Hüsteln oder Räuspern, krampfhaftes Augenzwinkern, ruckartige Nickbewegungen, zwanghaftes Luftanhalten und Ähnliches. Dies alles hängt damit zusammen, dass sie ständig etwas unternehmen müssen, um sich nicht selbst zu spüren. Natürlich sind sie geradezu süchtig nach der «ansaugenden», den Menschen aus sich herausziehenden Wirkung des Fernsehens, und sie verschaffen sich mit allen erlaubten oder unerlaubten Mitteln Süßigkeiten, um auf diese Art wenigstens kurzfristig das körperlich-seelische Harmoniegefühl zu erreichen, das sich ohne Manipulationen nicht einstellen will; oft sind die Eltern beunruhigt, weil diese Kinder schon sehr früh bei jeder sich bietenden Gelegenheit «onanieren» (wobei zu beachten ist, dass dieses kindliche Onanieren entgegen allen anderslautenden Gerüchten zumeist nicht mit sexuellen Fantasien verbunden ist); sie sind ungeschickt und unordentlich, stoßen und verletzen sich immerfort; häufig schießen ihnen aggressive Bewegungsimpulse in die Glieder, und es ist frappierend, wie wenig sie in ihrer Hektik und Umtriebigkeit den eigenen Leib wahrnehmen: Da kommt so ein kleiner Wildling mit blutenden Knien herein und hat die Verletzung noch gar nicht bemerkt; ein anderer ist mit Sandalen im Schnee herumgerannt, seine Füße sind ganz blau gefroren, aber es scheint ihm nicht das Geringste auszumachen. Dieses Vernachlässigen des eigenen Leibes und alles dessen, was seine Pflege und sein Erscheinungsbild betrifft, ist typisch. Man kann geradezu von einer eingeübten Fähigkeit sprechen, den Körper zu ignorieren beziehungsweise das Körpergefühl «auszuschalten».

Diese verhaltensprägende (kompensatorische) Fähigkeit müssen wir als Reaktion auf eine Orientierungsstörung des Lebenssinnes verstehen. So stark das Körpergefühl im Zustand der hyperaktiven Bewegungsunruhe herabgesetzt ist, so extrem gesteigert sind die Organempfindungen andererseits im *ruhigen Wachzustand*. Dieser wird deshalb um jeden Preis vermieden. Es ist eine *Körperangst* oder genauer: Angst vor dem Aufmerksamwerden auf den eigenen Körper, die das sogenannte hyperaktive Kind umtreibt. Die Wurzeln liegen in den ersten Lebensmonaten und -jahren. Der erwähnte Entwicklungsschritt zum «positiven, ruhigen Wachzustand» ist nicht ordentlich vollzogen worden.

Während das Kind größer geworden ist und sich intellektuell weiterentwickelt hat, ja in vielen Fällen seinen Altersgenossen diesbezüglich davongeeilt ist, verbleibt es in Bezug auf sein Grund-Lebensgefühl im kleinkindhaften Zustand des ständigen Gepeinigtseins von den eigenen Körperempfindungen, und die Reaktionen darauf sind im Prinzip ebenfalls verschleppt kleinkindhafte: das Zappeln, der ständige Geräuschdrang, das durchgängige Bedürfnis, «gestillt» zu werden (nur dass an die Stelle der Muttermilch jetzt das Naschwerk getreten ist), in den meisten mir bekannten Fällen außerdem ein wie anfallartig auftretendes, hart an die Grenze besitzergreifender Aggressivität heranreichendes «Schmusebedürfnis», vor dem die Mütter, oft mit den Nerven am Ende, abwehrend zurückweichen.

Sie sehen: Auf der einen Seite unternehmen diese Kinder alles Mögliche, um sich nicht spüren zu müssen, weil sie damit, lapidar gesprochen, unerfreuliche Erfahrungen gemacht haben, und auf der anderen Seite sind viele Verhaltensweisen offenkundig darauf gerichtet, dasjenige wenigstens vorübergehend herzustellen, was bei gesunder Entwicklung als *Wohlgefühl im Leib* nach und nach zur Selbstverständlichkeit wird und die Basis bildet für ein kraftvolles, in sich gefestigtes Gemüts- und Willensleben.

Obwohl das Bild noch nicht vollständig ist, wissen wir jetzt, um welchen Typus des verhaltensgestörten Kindes es sich handelt. Wir sprechen vom sogenannten hyperaktiven Syndrom, welches als «minimale cerebrale Dysfunktion» (geringfügige Hirnschädigung) einzuordnen sich die Schulwissenschaft zur Zeit gerade wieder abgewöhnt – glücklicherweise, muss man sagen. Wir sprechen also von den nervösen, unkonzentrierten, unruhigen Kindern mit oftmals hoher Intelligenz und schlechter motorischer Integration, die berühmt und berüchtigt sind als ewige Störenfriede und Quertreiber vor allem bei jedweden feierlichen, andachtsvollen Ereignissen, gefürchtet als unerträgliche Quasselstrippen und notorische Quatschmacher, aber auch geliebt wegen ihrer blitzgescheiten Köpfchen, originellen Sprüche und unerwarteten, stürmischen Liebesbekundungen, mit denen sie den Erwachsenen, der einmal ihr Vertrauen gewonnen hat, verschwenderisch beschenken können.

Wir resümieren kurz und bündig: Weil diese Kinder im Bereich der primären Lebenssinnwahrnehmung («Behagenssinn») mangelhaft orientiert sind, wird bei ihnen schon durch die geringfügigsten leiblichen Missempfindungen eine solche Verunsicherung ausgelöst, dass sie eine *auf Körperangst beruhende Verhaltensstörung des nervös-aggressiven Typs* entwickeln. Dazu neigen aus Gründen, die wir hier nicht weiter besprechen können, immer mehr Kinder, auch ohne dass sich die Eltern Erziehungsfehler oder -versäumnisse vorzuwerfen hätten, das muss gar nicht immer der Fall sein. Wir haben in der Tat eine zivilisationsbedingte Störung mit zumeist multifaktorellem Entstehungshintergrund vor uns, aber umso notwendiger ist es eben, sich wirklich mit angemessenem Ernst darum zu kümmern, welches die geeigneten pädagogischen Vorkehrungen sind. Sie arbeiten ja, indem Sie beherzigen, was wir diesbezüglich besprochen haben, für die Zukunft des Kindes! Indem Sie der Lebenssinnpflege genügend Aufmerksamkeit schenken, also, um es zu wiederholen, sich alledem, was in den Bereichen Ernährung, Wärmung, Körperpflege und Körperkontakt, Kleidung, Rhythmisierung und Schlafpflege nötig ist, mit der entsprechenden inneren Einstellung widmen – indem Sie das tun, helfen Sie Ihrem Kind nicht nur, das rechte Selbst- und Daseinsvertrauen zu entwickeln, sondern es geht eben noch weiter, und damit sind wir wieder bei unserem Ausgangspunkt.

Es geht insofern noch weiter, als Lebenssinnpflege auch ein Stück vorausschauende Moralerziehung ist.

Die Pflege des Lebenssinnes als Erlösung des Atems

Wir haben uns vor Augen geführt, dass der Engel die im Übersinnlichen wirkende, schicksalsbegleitende Wesenheit ist, die *Liebesimpulse* oder – zeitgemäßer ausgedrückt – *Sozialfähigkeiten* in die Menschenseele hineingießen und dafür in den Kindheitsjahren mit Hilfe der Eltern bestmögliche Voraussetzungen schaffen will. Für welche Sozialfähigkeiten bildet nun der Lebenssinn eine Grundlage? Bevor wir dies beantworten, müssen wir uns noch einmal in Erinnerung rufen – darüber haben wir ja gesprochen –, dass die Kinder (und auch wir) *im Schlaf* die Sphäre des Engels betreten und von dort her gewisse Impulse mitbringen, die sich weder aus biologischen noch aus soziokulturellen Entwicklungsgesetzmäßigkeiten hinreichend erklären lassen, die einfach sonst nicht auftreten würden.

Erlauben Sie mir an dieser Stelle eine interessante Randbemerkung: Als der berühmte existenzialistische Philosoph Jean-Paul Sartre kurz vor seinem Tod, schon erblindet, ein letztes Interview gab (es war in deutscher Übersetzung in der Zeitschrift *Freibeuter* zu lesen), zog er die Bilanz seines Lebenswerkes und sagte unter anderem, er sei als Philosoph «auf der metaphysischen Ebene gescheitert», weil es ihm nicht gelungen sei herauszufinden, woher eigentlich die Moral komme! Diese dürfte es nach seinem atheistischen Menschenbild nämlich genau genommen gar nicht geben! Sartre war ein redlicher, aufrichtiger Geist; unser Jahrhundert wäre um vieles ärmer ohne ihn, und ich weiß auch nicht, warum er in «unseren Kreisen» so wenig berücksichtigt, ja oft geschmäht worden ist. Er hinterließ seinen Nachfolgern in nämlichem Interview den Auftrag, das Rätsel der Moral zu untersuchen. Und daran beteiligen wir uns heute ein wenig, indem wir die Frage unter entwicklungspsychologischen Gesichtspunkten präzisieren: Woher kommt die *Affinität* beziehungsweise *nachahmungsbereite Hingeneigtheit* des kleinen Kindes zur Moral?

Wir wagen eine vielleicht unzeitgemäße, vielleicht aber auch von der Zeit dringend geforderte Antwort: In dieser Affinität drückt sich die übersinnliche Gegenwart des Engels aus; sie ist ein Erinnerungserbe, welches das Kind aus dem vorgeburtlichen Dasein, wo es noch eins war mit seinem Engel, mitgebracht hat. Und indem es jede Nacht zurückkehrt in den Zustand des Einsseins mit dem Engel, wird diese Hingeneigtheit, diese *auf das Gute gerichtete Erwartungsstimmung*, immer wieder erneuert. Wodurch wird sie erneuert? Einerseits dadurch, dass die Engelwesenheit nicht wie die verkörperte Menschenseele vom Guten «weiß» oder in diesem oder jenem Punkt sich «für das Gute entscheidet», sondern das Gute ist, sodass der Eintritt in ihre Sphäre die Menschenseele in einen Zustand versetzt, wo sie «das Gute atmet», wie sie auf der Erde die Luft atmet. Davon bleibt nach der Rückkehr ins Tagesbewusstsein und in die Erdenverhältnisse ein Gefühl des *Mangels* zurück, mithin der *Beengung*, denn jenes seelische Atmen in den höheren Welten ist ein ungleich freieres, unbeschwerteres als das irdische. Im Schlaf atmen Leib und Seele synchron; im Wachzustand fällt da etwas auseinander, und es entsteht der Eindruck, ein Teil unseres Wesens bleibe beim Atmen gleichsam unterversorgt. Natürlich, man kann diese Dinge nur bildhaft umschreiben, aber beobachten Sie sich daraufhin einmal genau, dann werden Sie mir gewiss zustimmen, wenn ich sage: Im Wachzustand leiden wir eigentlich fortwährend unter einem latenten Gefühl von «Atemnot»; das sitzt ganz tief drinnen, und man gewöhnt sich daran, aber es ist vorhanden. Und aus diesem latenten Mangel- bzw. Beengungszustand erhebt sich etwas, was jeder kennt und wovon jeder sagt, man wisse eigentlich gar nicht so genau, woher es komme und worauf es sich richte; ich meine die *Sehnsucht*.

Sehnsucht ist im Kern *immer* Sehnsucht nach dem Guten, nach Liebe und Geborgenheit. Deshalb ist es auch so, dass jene tiefsitzende Atemnot nicht nur im Schlaf nachlässt, sondern auch dann, wenn wir Liebe und Geborgenheit im Zusammensein mit anderen Menschen empfangen und geben. Da wird ein Stück Ur-Sehnsucht wahr, und so ist es natürlich auch, ja in noch viel ausgeprägterem Maße, bei kleinen Kindern. Das Gefühl von Mangel und Beengung, das sie – verbunden mit jener unbewussten, auf die Güte gerichteten Erwartungsstimmung – aus dem Schlaf mitbringen, wird behoben, wenn sie diese Güte *am Leib erfahren*. So wächst allmählich die Zuversicht, dass die Verluste, die mit der physischen Geburt, mit der (zunächst leiblichen) *Aussonderung* also, verbunden sind, durch die Zuwendung und Fürsorge anderer Menschen wieder behoben werden können. Das Erste, was dabei in Betracht kommt, ist, dass die verlorene (vorgeburtliche) Heimat ersetzt werden muss durch ein Heimatgefühl im Leib. Und das ist nur möglich, wenn in der Art und Weise, wie der Leib durch die Fürsorgehandlungen der Mitmenschen dem Kind zum Erlebnis gebracht wird, etwas anklingt, was an die verlorene Heimat erinnert. Dies ist das tiefere Geheimnis des Lebenssinnes: Wenn er gesund entwickelt ist, wird durch ihn immer wieder jenes sehnsuchterweckende Gefühl von Beengung und Mangel abgemildert, das sich sonst nur im Tiefschlaf auflöst. Das liegt daran, dass eben der Lebenssinn nicht einfach nur als Wahrnehmungsorgan für Leibeszustände fungiert, wie das manchmal recht verallgemeinernd dargestellt wird, sondern, ich möchte sagen: als Botschafter der in den Lebensleib («Ätherleib») eingewobenen Erfahrungen von Güte und Geborgenheit.

Dabei sind Sie es, liebe Mütter und Väter, die das Bildekräftegefüge des Kindes gewissermaßen mit Liebe durchtränken und dadurch für den Lebenssinn das Milieu schaffen, in dem er sich orientieren kann. Aber es sind nicht nur Sie. Sie würden es allein gar nicht schaffen. Von der anderen Seite her wirkt der Engel mit. Ihm ist es nicht nur zu verdanken, dass Sie mit Ihren Bemühungen auf die uneingeschränkte *Bereitschaft* der Kindesseele stoßen, Ihre Liebesbezeugungen anzunehmen und zu erwidern, schließlich sich nachahmend-spielerisch einzuleben in die Seelenstimmung der fürsorglichen, tröstenden, beschützenden Zuwendung zu anderen, schwächeren Wesen. Es ist darüber hinaus das Werk des Engels, dass sich – wie schon erwähnt – der Organismus des Kindes an die Erdenverhältnisse gewöhnt, sich den neuen Bedingungen, die ihm zuerst so fremd waren, doch relativ rasch anpasst. Sagen wir: Das Kind erfährt die Güte am Leib *von innen her* (nachts) durch den kräftigenden, ordnenden Beistand des Engels, der auf diese Weise nicht nur die Organ-, sondern auch die Lebenssinnreifung voranbringt, und *von außen her* (am Tag) unterstützen Sie diese Arbeit des Engels durch Ihre Pflege- und Fürsorgehandlungen.

Aber was hat das alles mit «Moralerziehung» und sozialer Kompetenz zu tun? Für welche diesbezüglichen Fähigkeiten bildet der Lebenssinn die Grundlage? Wir können aus allem bisher Gesagten unmittelbar die Antwort herleiten: Der Lebenssinn als Voraussetzung für inneren Frieden, Ausgeglichenheit, das Gefühl von Ganzheit und Einssein mit sich selbst, als derjenige Sinn zugleich, durch den der Leib zum Erinnerungsträger für erfahrene Güte und Geborgenheit wird, ermöglicht es, sich den Seelenstimmungen der Muße, inneren Andacht oder ruhigen Beschaulichkeit hinzugeben, den *kontemplativen* Seelenstimmungen. Man muss in sich ruhen können, um zu lauschen und Geduld aufzubringen, etwas (oder jemanden) mit abwartendem Interesse auf sich wirken zu lassen. Geduld und abwartendes Interesse, Andacht und Muße – das sind Fähigkeiten, die auf der Grundlage des Lebenssinnes entwickelt werden.

Fällt Ihnen hier etwas auf? Richtig, wir sprechen von denselben Fähigkeiten beziehungsweise inneren Einstellungen, die – wie wir vorhin festgestellt haben – der Erzieher in sich aufrufen muss, um in der rechten Art auf den Lebenssinn des Kindes zu wirken. Damit stoßen wir auf eine pädagogische Gesetzmäßigkeit: Sie fördern den Lebenssinn des Kindes, indem Sie die auf dem Boden des Lebenssinnes *Ihnen zugewachsenen Seelenfähigkeiten* pädagogisch zur Geltung bringen. Dasselbe gilt auch für alle anderen Fundamentalsinne: Immer ist es die ins Seelische metamorphosierte Qualität beim Erwachsenen, die auf die entsprechende Primärqualität (leibgerichtete Orientierung) beim Kind heilsam wirkt. Sie dürfen also nicht erwarten, dass Ihr Kind, wenn Sie ihm Geduld, Andacht und gütige Gelassenheit vorleben, nun gleich zu einem geduldigen, andachtsvollen und gütigen Wesen werden müsse. Das wäre grundverkehrt und außerdem pädagogisch schädlich, denn falsche Erwartungen haben ihre Wirkung! Aber Sie tragen dazu bei, eine *Grundlage* dafür zu schaffen, dass das Kind die innere Einstellung, die es heute an Ihnen und durch Sie als etwas eminent Vertrauenbildendes, Existenzsicherndes erlebt, später aus sich selbst heraus entwickeln kann und (vor allem) *will*.

Damit ist die Frage, auf welche zukünftigen moralischen Fähigkeiten der Engel im Zusammenhang mit dem Lebenssinn hinblickt und auch Sie hinblicken sollten, so gut wie beantwortet. Andacht, Muße, abwartende Aufmerksamkeit, Geduld – das sind unerhört wichtige Fähigkeiten im zwischenmenschlichen Bereich. Man kann nur dann zuhören, den Nebenmenschen in seiner Andersartigkeit verstehen und annehmen, wirkliches Interesse für ihn aufbringen, wenn man ihm, sicher auf eigenem Grund stehend, mit der inneren Gefasstheit und Bedächtigkeit einer in die Persönlichkeitsstruktur übergegangenen, zuverlässigen Lebenssinnorientierung gegenübersteht. Ich erwähnte schon, dass der Lebenssinn auf höherer Stufe als Sinn für biografische Identität und Kontinuität auftritt, als sicher gefügtes Selbst-Bewusstsein also. Dieses ist notwendig, um die genannten Leistungen, die ja ein gewisses Maß von Selbst*losigkeit* verlangen, zu erbringen. Man kann nur von sich absehen, wenn man fest in sich verankert ist! Andernfalls löst das Von-sich-Absehen Angst aus, und die Angst verleitet den Menschen dann, mit einer gewissen Hast und Unduldsamkeit immer wieder zu sich selbst zurückzukehren, bei den eigenen Vorurteilen, Gewohnheiten, eingefahrenen Sympathien und Antipathien Zuflucht zu suchen, weil sonst ein Gefühl entsteht, als verschwämmen in der vorbehaltlosen Hinwendung zum anderen die Grenzen zwischen Ich und Du. Diese psychologische Tatsache wird übrigens von den spirituellen Schulen, die das Ich geringschätzen, völlig verkannt. Noch einmal: Nur ein fest in sich verankertes Ich-Bewusstsein ermöglicht wahrhaftes Von-sich-Abstand-Nehmen.

Wenn wir nun, der Übersichtlichkeit halber, zusammen einen «Oberbegriff» für die genannten zwischenmenschlichen Qualitäten suchen, welcher bietet sich da an? Ich meine, dass der Begriff der «aktiven Toleranz» am besten geeignet ist. Aktive Toleranz heißt nichts anderes, als mit Unvoreingenommenheit, Interesse, Geduld und Milde den Mitmenschen in seinem Anderssein nicht nur gewähren zu lassen, sondern ihn wirklich verstehen zu wollen, um seine individuelle Wesensart und Handlungsweise *würdigen* zu können, ohne dabei die *eigene* Wesensart und Handlungsweise zum Maßstab zu nehmen. An dieser Fähigkeit mangelt es uns heutigen Menschen vorn und hinten, sodass man fast sagen möchte: Wir leiden alle mehr oder weniger unter den Folgen einer Lebenssinnstörung! Wie mühsam müssen wir uns die Tugend der Toleranz durch langwierige Selbsterziehungsübungen erringen, wenn wir ihre Bedeutung im Denken einmal erfasst haben! Dabei könnte, wenn sich das «offenbare Geheimnis» des Lebenssinnes herumsprechen und als ganz selbstverständliche Erziehungsrichtlinie durchsetzen würde, zumindest die *Neigung* zur Toleranz etwas sein, was den Kindern gewissermaßen in die Wiege gelegt würde. Wir werden später sehen, dass allerdings mehr als eine gute Lebenssinnorientierung nötig ist, um wahrhaftes mitmenschliches Interesse zu entwickeln. Aber das, was innerhalb des Interesses, der verstehenden Anteilnahme, der Aspekt der Toleranz ist, beruht auf dem Lebenssinn.

Fassen wir also zusammen: Der Lebenssinn bildet die Voraussetzungen dafür, dass später die Fähigkeiten der Muße, inneren Andacht und Geduld entwickelt werden können. Im sozial-zwischenmenschlichen Bereich erwächst daraus die Tugend der *aktiven Toleranz*, die es uns ermöglicht, den Nebenmenschen, das *Du*, wirklich in seiner Eigenart anzunehmen und zu würdigen.

So können wir festhalten, dass der Engel in die «organische Ruhe», über die der Lebenssinn wacht und die durch ihn ins Seelische heraufstrahlt als Daseinsvertrauen, die Fähigkeiten der Andacht und Geduld hineinpflanzen will, auf dass daraus die soziale Kerntugend der Toleranz erwachse. Wir helfen dem Engel dabei, indem wir berücksichtigen, dass das Kind in den ersten Lebensjahren vor allem *Leibvertrauen* entwickeln muss. In allem, was wir diesbezüglich tun, sollten Andacht, Geduld und Güte für das Kind spürbar werden als ein Stück in die Gegenwart hereingeholte Zukunft. Dabei können wir auf die nachahmungsbereite Hingeneigtheit des Kindes zu diesen Qualitäten vertrauen. – Wenn Ihr Kind auffallend unruhig und nervös ist und Sie nehmen diesen Gedankenzusammenhang, verbunden mit einer aufrichtigen Bitte um Hilfe, regelmäßig mit in die Nacht, dann werden Sie bemerken, wie sich allmählich etwas bei Ihnen verändert – wie es Ihnen leichter und selbstverständlicher wird, Ihre Einsichten in Taten umzusetzen. Jenes neue Situationsgespür, das wir zu Anfang als pädagogisches «Fingerspitzengefühl» umschrieben haben, wird sich einstellen, man kann auch sagen: eine Art Instinkt dafür, zur richtigen Zeit das Richtige zu tun mit einer inneren Sicherheit, die sich dem Kind mitteilt.

Beim unruhigen, nervösen Kind ist – wir wollen das ganz lapidar einmal so anschauen – an einer bestimmten Stelle der Kontakt zu seinem Engel unterbrochen oder beeinträchtigt, nämlich an der «Stelle», wo der Engel den Boden bereiten will, aus dem die Fähigkeiten der Andacht und Geduld erwachsen, die in der Tugend der Toleranz ihre reifste Ausprägung finden. Der Engel kommt diesbezüglich nicht genügend an das Kind heran. Die Gründe können, wie gesagt, vielfältig sein, Sie brauchen sich gar nicht unbedingt schuldig zu fühlen. Wichtig ist, dass Sie wissen: Sie haben es in der Hand, dazu beizutragen, dass an der fraglichen Stelle die Verbindung des Kindes mit dem Engel nach und nach wieder bereinigt wird, und dazu gehört, neben allem anderen Gesagten-, dass Sie speziell die Seelenfähigkeiten, für die sich bei Ihrem Kind keine rechte Basis bilden will, durch entsprechende Selbsterziehungsbemühungen bei sich selbst stärken: Geduld, Andacht, Muße brauchen Sie für den Umgang mit dem lebenssinngestörten Kind. Und Sie brauchen sogar das, worauf nach dem Willen des Engels die Lebenssinnreifung hinzielt: Toleranz. Wer so einen kleinen Unruhegeist zu Hause hat, wird das ohne Weiteres zugeben. Ohne Toleranz (Toleranz vor allem gegenüber den Problemen, die der Umgang mit solchen Kindern im Alltag aufwirft) geht gar nichts. Es mag sich paradox anhören, aber um eine Lebenssinnstörung zu beheben, muss man sie zunächst einmal tolerieren. Denn wie wollen Sie Geduld und Andacht aufbringen, wenn Sie sich den ganzen Tag nur ärgern und immer mit dem Gefühl herumlaufen, Ihr Kind müsse anders sein, als es ist?

Zuvorderst handelt es sich darum, das unruhige Kind als unruhiges Kind innerlich anzunehmen, zu ihm zu stehen. Dann folgt alles Weitere. Sie sind für den Engel nur dann akzeptable Partner, wenn Ihre pädagogischen Motive uneigennützig sind, wenn es Ihnen also nicht um Ihre Reputation als «gute Eltern» geht, die ein gelungenes Exemplar Kind herumzeigen wollen, auch nicht darum, endlich den ewigen Ärger vom Hals zu haben, sondern allein um das Kind, nämlich darum, Leid von ihm abzuwenden, ihm vorhersehbare Schwierigkeiten oder Einschränkungen zu ersparen. Zwar hat diese Forderung einen Allgemeingültigkeitswert, aber es ist doch ganz besonders im Hinblick auf unruhige Kinder zu beachten, dass für sie dieses Angenommenwerden, dieses Erlebnis, dass die Hilfen, die ihnen angeboten werden, aus einer toleranten Grundhaltung kommen, äußerst wichtig ist.

3. Auf den Spuren des Tastsinnes

Die Haut als Sinnesorgan

Wir schreiten nun fort zu den übrigen Basalsinnen und den Entwicklungsproblemen, die ihnen zugeordnet werden können.

Wenden wir uns zuerst dem Tastsinn zu und fragen uns wiederum: Welche sozialen, mitmenschlichen oder – wenn Sie so wollen – religiösen Impulse will der Engel im Kind keimhaft veranlagen, indem er an der Ausbildung des Tastempfindens mitwirkt? Und *wie* wirkt er daran mit? Welche Probleme treten auf, wenn an dieser Stelle der Kontakt des Kindes zu seinem Engel beeinträchtigt ist? Zunächst müssen wir uns darüber klar sein: Der Tastsinn umfasst viel mehr als nur die Fähigkeit, durch Befühlen mit den Händen zu unterscheiden, ob ein Gegenstand weich oder hart, rau oder glatt ist. Damit erfassen wir lediglich einen kleinen Ausschnitt. Wie ist es denn überhaupt möglich, dass wir mit den Händen einen Gegenstand an seiner Oberflächenbeschaffenheit erkennen können? Die nächstliegende Antwort lautet: Es ist dadurch möglich, dass wir *Gefühl in den Händen* haben. Aber ist das nicht unscharf ausgedrückt? Wo haben wir denn *genau* die «Fühligkeit», die hier in Betracht kommt? In der *Haut* haben wir sie! Und von Haut sind ja bekanntermaßen nicht nur die Hände umschlossen. Der ganze Leib ist von Haut umschlossen. Was wir mit den Fingerspitzen können, das können wir im Prinzip mit jeder anderen Körperstelle genauso gut, manchmal sogar noch besser. Sie haben bestimmt auch schon erlebt, dass Sie einen Gegenstand in der Hand hielten, der sich so behaglich anfühlte, dass Sie das Bedürfnis verspürten, dieses angenehme Gefühl noch intensiver auszukosten. Was haben Sie da gemacht? Sie haben den Gegenstand vermutlich an die Wange oder an den Hals geführt und dort sachte gerieben. Wangen und Halsbeuge sind außerordentlich tastempfindliche Körperstellen, wie auch Zunge und Lippen, die Innenseiten der Schenkel oder die Rückenpartie zwischen den Schultern. Kurzum: Die gesamte Körperoberfläche, also die Haut, ist das Wahrnehmungsorgan des Tastsinnes. Da gibt es mehr oder weniger sensible Stellen, aber insgesamt ist es die komplette Körperoberfläche, durch die wir Tasterlebnisse haben, und zwar ununterbrochen! Sie haben im Wasser, beim Baden, ein Ganzkörper-Tasterlebnis. Sie haben ein Tasterlebnis, wenn Ihnen der Wind ins Gesicht bläst; den ganzen Tag über haben sie ein Tasterlebnis dadurch, dass Sie Kleider am Leib tragen; Sie haben ein Tasterlebnis an den Fußsohlen, wenn Sie stehen und gehen, an den Armen, wenn Sie sich aufstützen, oder am Rücken, wenn Sie sich anlehnen; Sie haben sogar ununterbrochene Tasterlebnisse beim Sprechen, indem Sie mit der Zunge an die Zähne oder an den Gaumen stoßen, und Sie haben ein winzigkleines Tasterlebnis bei jedem Augenzwinkern, achten Sie einmal darauf. Das ganze Leben ist in Hülle und Fülle von Tasterlebnissen durchwoben. Gar nicht auszudenken, wie man sich fühlen würde, wenn der Tastsinn plötzlich ausgeschaltet wäre. Einen weitreichenden Orientierungsverlust hätte das zur Folge. Man kann sich kaum in eine solche Lage hineinversetzen. Aber versuchen Sie es trotzdem und stellen sich vor: Sie spüren absolut nichts, wenn Sie einen Gegenstand berühren oder jemand Ihnen die Hand reicht; spüren nicht das Geringste, wenn Sie ein Brot oder einen Apfel essen, können nicht einmal unterscheiden, ob Sie etwas Festes oder Flüssiges im Mund haben; spüren nichts unter den Füßen beim Stehen und Gehen – keinen festen Untergrund, überhaupt keinen Untergrund, nichts. Wie gesagt, man kann sich eigentlich kaum ausmalen, in welcher Verfassung man sich da befände; man kann es nur ahnen. Zumal wir noch gar nicht berücksichtigt haben, welches die gravierendsten Folgen wären.

Zur Charakteristik der Tastwahrnehmung

Dazu zunächst zwei wichtige Randbemerkungen. Wir haben uns gefragt, wie es überhaupt möglich ist, dass man mit den Händen – wir können jetzt präzisieren: durch Hautkontakt – einen Gegenstand beziehungsweise eine Substanz identifizieren kann. Die Antwort lautet: weil die gesamte menschliche Körperoberfläche ein überaus feines Wahrnehmungsorgan ist; weil wir *Gefühl in der Haut* haben. Hierbei ist nun erstens zu berücksichtigen: Wenn ich in einem stockfinsteren Raum einen Gegenstand ertaste, der rund, kühl und glatt ist, fest und trotzdem nicht ganz hart, und ich stelle fest, dass es sich um einen Apfel handelt, dann ist in den Sekundenbruchteilen zwischen der ersten Berührung und der Erkenntnis «Aha, ein Apfel» manches vonstatten gegangen, was mit dem reinen Tasterlebnis direkt gar nichts mehr zu tun hat. Das können Sie sich am besten vergegenwärtigen, wenn Sie die Situation in dem stockfinsteren Raum einmal durchspielen unter der Vorgabe, Sie hätten nie zuvor einen Apfel gesehen oder angefasst. Ein Apfel also wäre ein völlig unbekanntes Ding für Sie. Es ist klar: Kein noch so ausdauerndes Abtasten würde Ihnen unter diesen Umständen helfen, das Ding als Apfel zu identifizieren. Aber es geht noch weiter. Sie befühlen dieses unbekannte Ding und stellen fest: *rund, oben eingebuchtet, glatt, an einzelnen Stellen schorfig* und so weiter. Das sind Eigenschaftszuschreibungen, *Beurteilungen*. Ist es der Tastsinn, der solche Beurteilungen vornimmt? Natürlich nicht. Die durch den Tastsinn vermittelten Eindrücke geben zwar die *Veranlassung* dafür, aber der Vorgang der Eigenschaftszuschreibung als solcher ist kein Teil des Tasterlebnisses, sondern eine an das Tasterlebnis anknüpfende Bewusstseinsleistung. Nur weil Sie Zusammenhänge erfassen, gleichartige Erfahrungen in Beziehung zueinander setzen, aus einem individuellen Erinnerungsfundus schöpfen, kurz: die Wahrnehmung durch das Denken ergänzen können, ist es Ihnen möglich, eine Reihe von Tasteindrücken einem Körper als Eigenschaften zuzuordnen. Rudolf Steiner ging so weit, dass er sagte, es seien genau genommen «Eigenschaften des Tastsinnes, die wir den Körpern zuschreiben». Mit anderen Worten: Sie haben einen Tasteindruck, und diesen Eindruck erleben Sie, ausgelöst durch eine Berührung, *in sich selbst*. Sie erleben ihn als ein seelisch mitempfundenes körperliches Ereignis, das heißt Sie verspüren eine innere Befindlichkeitsveränderung und «projizieren» diese zurück «in den äußeren Raum» (Steiner). Das ist das Zweite, was zu beachten ist. Ich zitiere noch einmal Rudolf Steiner: «Der Mensch stößt mit seiner Haut an einen Gegenstand. Das, was sich abspielt, dass er eine Wahrnehmung hat von dem Gegenstand, an den er stößt, das geschieht selbstverständlich innerhalb der Haut, innerhalb des Leibes. Also der … Vorgang des Tastens geschieht innerhalb des Menschen.» Anders gesagt: Die Tastwahrnehmung ist die innere Resonanz auf den unmittelbaren, physischen Außenweltkontakt. Sie konstatieren vermittelst des Tastsinnes erstens das Berührtwerden als solches, das «Anstoßen» an die materielle Außenwelt, wodurch Sie ein *Grenzerlebnis* haben; zweitens, und das ist nun die subtilere Seite des Vorganges, reagiert der ganze Leib wie ein Resonanzkörper auf die verschiedenen Nuancen des Berührtwerdens, und wir erleben die «Schwingungen» seelisch mit, die da, je nachdem, ob etwas Raues oder Glattes, Spitzes oder Stumpfes, Hartes oder Weiches uns beeindruckt, entsprechend unterschiedlich durch unseren Organismus hindurchgehen. Es ist wichtig zum Verständnis des Tastsinnes, sich dies einzuprägen: Das Seelenleben nimmt teil an einer physiologischen Zustandsveränderung. Die entsprechenden Eindrücke werden dann in der beschriebenen Art vom Bewusstsein gleichsam aufgegriffen und in den äußeren Raum, zu den Gegenständen, zurückgespiegelt. Beim Tasten (je feiner das Tasterlebnis, umso mehr) lauscht die Seele der Musik, welche die Außenwelt auf dem Instrument des Leibes spielt. Grobe Berührungen erzeugen dumpfe Akkorde oder vielleicht, wenn sie peinigend oder gar schmerzhaft sind, schrille Missklänge, während behutsame, gefühlvolle Berührungen sich wohltönend nach innen fortsetzen – unter einer Voraussetzung allerdings: Es nützt uns alle Feinsinnigkeit nichts, wenn die Dinge, mit denen wir tastend umgehen, eigenschaftslos sind! Plastik erzeugt weder wohl- noch misstönende innere Schwingungen, sondern es breitet sich ein Nichts-Gefühl in der Seele aus, eine beklemmende Leere. Es ist, als würde man erwartungsvoll lauschend eine Harfensaite anschlagen und – nichts hören. Freilich spielt sich das beim Tastsinn, anders als beim Hörsinn, im Unterbewusstsein ab, aber es tut seine Wirkung. Damit will ich, liebe Eltern, ganz und gar nicht in eine undifferenzierte Zurück-zur-Natur-Litanei einstimmen. Es gibt ja durchaus umweltschützende Gesichtspunkte, die *für* die Herstellung von Kunststoffen sprechen. Wir können zum Beispiel nicht endlos unsere Waldbestände dezimieren, nur um alles aus Naturholz zu haben. Das ist ein kompliziertes Problem, bei dem man mit fundamentalistischen Standpunkten nicht weiterkommt. Aber in den *Kinderzimmern* hat Plastik wirklich nichts zu suchen! Da ist nun wiederum ein gewisser Fundamentalismus angebracht. Wenn Sie ein Kind zwingen, sich dauernd in flackernder Neonbeleuchtung aufzuhalten, dann hat dieses Kind nach kurzer Zeit eine Sehstörung. Und wenn Sie einem Kind nur oder überwiegend Plastikspielsachen geben und es zwingen, Kunstfasern am Leib zu tragen, dann leisten Sie einer Tastsinnstörung Vorschub. Sie leisten, nebenbei bemerkt, indirekt auch einer Lebenssinnstörung Vorschub, weil diese beiden Sinne engstens miteinander verwoben sind, was Sie schon daraus ersehen können, dass wir vorhin im Zusammenhang mit dem Tasterleben von körperlichen Befindlichkeitsveränderungen gesprochen haben, und in die Wahrnehmung von solchen Befindlichkeitsveränderungen ist, Sie erinnern sich, immer auch der Lebenssinn in seiner Sekundärfunktion eingeschaltet.

«Durchdrungensein mit dem Gottgefühl»

Wie unerhört wichtig es ist, dass die Kinder ausreichend Gelegenheit haben, ihren Tastsinn im Umgang mit natürlichen Materialien und Substanzen kraftvoll auszubilden, wird deutlich, wenn wir noch einmal Rudolf Steiner zu Rate ziehen. Dieser hat darauf hingewiesen, dass die subtile Tastwahrnehmung, wie ich sie vorhin als körperlich-seelisches Resonanzgeschehen dargestellt habe, zwei Seiten hat. Die eine Seite ist uns schon bekannt als das Erspüren der vielfältigen Nuancen des Hautkontaktes mit der Außenwelt, wodurch wir in die Lage kommen, uns intim in die Differenziertheit der Welterscheinungen einzuleben. Letztlich urständet hier unsere Fähigkeit, den Dingen Eigenschaften zuzuschreiben, also die Dinge zu unterscheiden, das Vorhandensein einer in verschiedenartige Qualitäten aufgegliederten Gegenstandswelt überhaupt zu konstatieren. Aber darüber hinaus findet bei der Tastwahrnehmung noch etwas anderes, Grundsätzliches statt. «Was da im Tastsinn sich als Rauheit und Glätte, Härte und Weichheit erfühlt, das ist das nach außen Strahlende», sagt Steiner. Darüber haben wir ja gesprochen. Aber was letztlich als urphänomenale, gleichsam den gemeinsamen Nenner aller noch so verschiedenen Tasteindrücke bildende Wahrnehmung «ins Innere hineinstrahlt» und «ganz im Unbewussten bleibt», das bezeichnet Steiner als «das Durchdrungensein mit der allgemeinen Weltsubstanzialität, das Durchdrungensein mit dem Sein als solchem». Wenn ich Steiner richtig verstehe, spricht er hier von der okkulten (verborgenen) Seite des Phänomens der Stofflichkeit beziehungsweise Materie. Wir sind uns des Vorhandenseins einer materiellen Außenwelt nur deshalb bewusst, weil unser Nerven-Sinnes-System so organisiert ist, dass wir uns als Einzelwesen zwar mit allen anderen Dingen und Wesen der Welt im Zusammenhang, aber doch von ihnen unterschieden fühlen. Der äußere Aspekt des Phänomens Materie ist die durch den Tastsinn vermittelte Erfahrung der eigenen Begrenztheit, durch die wir «das Sein der äußeren Welt [erst] konstatieren» (Steiner). Diesseits der Grenze bin *ich*. Jenseits der Grenze ist *das Andere*. Die Haut ist der Ort, wo *das Andere mich berührt*. Die Berührung wird wahrgenommen durch den Tastsinn. So entsteht das Ich-Welt-Schisma, das duale Bewusstsein als Bewusstsein des Unterschiedenseins von der übrigen Schöpfung. Erst dadurch kann mir die Außenwelt als dingliche Welt entgegentreten, dass ich mich von ihr abgesondert, und zwar zunächst in Bezug auf mein *körperliches* Selbsterleben abgesondert habe. Alle weiteren – seelischen und geistigen – Autonomieschritte sind nur auf dieser Basis möglich. Insofern also konstatieren wir durch den Tastsinn das Vorhandensein einer äußeren, materiellen, *fremden* Außenwelt, zu der wir Distanz halten, um uns ihr gegenüber als Eigenwesen zu behaupten. Das ist der äußere Aspekt des Phänomens Materie: Wir fühlen uns *unterschieden* von der übrigen Schöpfung. Aber dann gibt es, wie gesagt, noch den anderen, verborgenen Aspekt des Sich-im-Zusammenhang-Befindens, durch den die Distanz wiederum überwunden, aber nicht aufgehoben wird: Bei jedem Tasterlebnis, so Rudolf Steiner, «strahlt in die Seele herein» ein Gefühl des tief innerlichen Angerührtwerdens von der allem materiellen Sein zugrunde liegenden Schöpferkraft, aus der sich die Vielfalt der Welterscheinungen herausdifferenziert hat; von einer «Substanzialität ante rem» könnte man da sprechen: von dem Erlebnis, dass es etwas gibt, woraus alle Dinge geworden sind, «was [sie alle] durchdringt, was auch in uns hereindringt [und uns] alle hält und trägt». Zuletzt nennt Steiner dieses «Etwas» die «alles durchdringende Gottsubstanz», und die entsprechende sinnlich-übersinnliche Erfahrung bezeichnet er als «das Durchdrungensein mit dem Gottgefühl». Wir sollten versuchen, das so schlicht wie möglich aufzufassen, und uns an der vielleicht etwas unzeitgemäßen Wortwahl nicht stören. Wenn wir uns auf fein empfindende Art tastend mit der Welt verständigen, dann haben wir nicht nur das einfache Grenzerlebnis, auch nicht nur die differenzierteren substanziellen Eindrücke, die wir mit Klangwahrnehmungen verglichen haben, sondern wir haben darüber hinaus auch eine unmittelbare, wenngleich ganz im Verborgenen sich abspielende Begegnung mit dem Urgrund des Seins. Da berührt uns die *Wirklichkeit*, die allen *verwirklichten* Einzelerscheinungen zugrunde liegt, das «An-sich-Seiende» (L'étant) bei J. P. Sartre, der allerdings, wenn Sie mir diese Zwischenbemerkung gestatten, «das Nichts ... im Herzen des Seins» nachweisen wollte, während Steiner – nicht als Philosoph, sondern auf dem Wege der Sinnesforschung – gerade das Gegenteil feststellt, nämlich die Begegnung mit «dem Sein als solchem» im Herzen alles vergänglichen (der äußeren Sinneswahrnehmung gegebenen) So-Seienden. Eine philosophische Entgegnung auf Sartres «ins Leere laufende» Metaphysik könnte aus einem vertieften Verständnis des Tastsinnphänomens heraus erfolgen. Ich bin überhaupt der Meinung, dass ohne Zuhilfenahme einer spirituellen Wahrnehmungs- und Willenspsychologie gar kein fruchtbares Philosophieren mehr möglich ist.

Tastsinn und Weltinteresse: Differenz, Resonanz, Evidenz

Der Tastsinn, durch den wir auf der einen Seite «fortwährend … in der gröbsten Weise mit der Außenwelt [verkehren]» (Steiner), wirkt auf der anderen Seite, so viel ist deutlich geworden, im Verborgenen als derjenige Sinn, der uns aufs unmittelbarste in Berührung bringt mit dem in die Stofflichkeit eingeschriebenen Geistigen. Dieses bietet sich dem inneren Erleben in dem Maße dar, in dem der Tastsinn zum Wahrnehmungsinstrument herangereift ist, durch das wir nicht nur «das Sein einer äußeren (gegenständlichen) Welt» in Erfahrung bringen, sondern darüber hinaus diese Welt auch in ihrer Differenziertheit und substanziellen Beschaffenheit so erspüren, dass von einer Evidenz gesprochen werden kann, das heißt übersetzt: von einer «vollständigen Gewissheit». Diese wird, wie wir gesehen haben, nicht im Denken erworben; das Denken allein würde uns in Bezug auf die Gegenstandswelt überhaupt keine Sicherheit geben. Ganz im Gegenteil: Klares, das Wesen der Dinge erfassendes Denken ist nur möglich, wenn die eigentliche Realitätsvergewisserung zunächst in tieferen Seelenschichten stattgefunden hat. Wenn wir uns fragen, wie das vor sich geht, müssen wir in erster Linie berücksichtigen, was wir über die drei Aspekte der tastenden Welterkundung besprochen haben, die ich der Übersichtlichkeit halber wie folgt zusammenfassen will: erstens das *Grenzerlebnis* oder auch die *Differenz* (Gegenstandsbewusstsein), zweitens die *Resonanz* (Hervorrufung von Empfindungen aufgrund körperlicher «Mitschwingungen», die als Eigenschaftszuschreibungen zu den Dingen zurückgeworfen werden), drittens die *Evidenz* (Gewahrwerden des «Seins als solchem»). Hierbei entspricht die Reihenfolge der Erlebnistiefe. Zwar spielt sich das gesamte Geschehen innerhalb des Menschen und unterhalb der Bewusstseinsschwelle ab, aber das Differenzerlebnis eben an der Peripherie, die Resonanz zwischen innen und außen schwingend, die Evidenz («Gottgefühl») ganz im Verborgenen. Nur deshalb, liebe Eltern, weil auf diese Weise vermittelst des Tastsinnes die zunächst nach außen zurückgedrängte Erscheinungswelt wiederum tief innerlich *teilnehmend* in die Erfahrung eingeholt wird; weil, anders gesagt, die *Haut*, insofern wir sie als Hülle und Grenze erleben, nicht nur für unser Bewusstsein Außenwelt konstituiert, sondern sich dieser zugleich als feinstes Wahrnehmungsorgan zuwendet, können wir die sinnenfällige Wirklichkeit im lebendigen Denken erfassen. Wir hätten ohne die tastende Daseinsvergewisserung keinen Realitätsbezug! Äußeres und Inneres würden wild durcheinanderfluten, wie es ja bei ganz kleinen Kindern der Fall ist, die den Tastsinn noch nicht ausgebildet haben. Es könnte weder ein Vorstellungsvermögen (im Wortsinne das Vermögen, etwas «vor sich hinzustellen») entwickelt noch irgendeine Art von Kommunikation gepflegt werden, denn jenes erfordert betrachtenden Abstand, diese vollzieht sich als Verbindung *herstellende* Aktivität aus der Unverbundenheit. Im Tastvorgang haben wir das Urbild aller verstehend (begreifend) Verbindung und Nähe schaffenden Ereignisse, die Basisform jeder Art des Kennenlernens. Tasten heißt: in unmittelbarer Begegnung das Fremde als Fremdes zu identifizieren und doch gleichzeitig sein Wesen, seine Eigentümlichkeit, sorgsam «abzuspüren». Natürlich sprechen wir jetzt von der intentionalen (willentlichen) Seite des Tasterlebens. Die Bewusstseinshaltung, die am engsten damit zusammenhängt, ist das «Interesse», die anteilnehmende Aufmerksamkeit. Wo diese sich regt, können wir davon sprechen, dass der Tastsinn gewissermaßen als Lehrmeister außerhalb seines eigenen Gebietes tätig ist. Ich möchte sagen: Echtes Interesse ist ein zurückgehaltener, sublimierter – das heißt auf eine höhere Ebene erhobener, verfeinerter – Tastimpuls. Das müssen wir uns gut einprägen.

Menschenkunde und Erziehungspraxis

Ich könnte verstehen, wenn Sie, verehrte Zuhörerinnen und Zuhörer, jetzt das Gefühl hätten, hier würde Ihnen zu viel theoretischer Ballast aufgeladen. Aber glauben Sie mir, es kann in vieler Hinsicht für die Lebenspraxis und namentlich für die Erziehungspraxis äußerst fruchtbar sein, gerade die Tastsinnfunktion einmal gründlicher ins Auge zu fassen, als man es gemeinhin tut. Wir sollten schon wissen, worum es sich im Einzelnen handelt, wenn in gewissen Kreisen immer wieder die freundliche Empfehlung ausgesprochen wird, bei den Kindern doch bitteschön darauf zu achten, dass der Tastsinn ordentlich gepflegt wird. Wie soll man wissen, ob mehr dahintersteckt als hinter dem guten Rat, vor dem Essen die Hände zu waschen? Die Dinge müssen in ihrer wirklichen Tragweite erfasst werden. Wer die basale Sinnespflege lediglich als sozial- oder seelenhygienische Frage behandelt, untertreibt ihre Bedeutung. Viele Leute haben irgendwann einmal etwas überaus Allgemeinverständliches zu diesem Thema gelesen oder gehört und die Quintessenz daraus gezogen, dass die allgemeine Körperpflege auch für das seelische Wohlbefinden der Kinder und ihre Beziehungen zu Gleichaltrigen sehr wichtig sei. Natürlich, das stimmt. Aber es hat mit dem Problem der Leibessinne ungefähr so viel zu tun wie die Sauberkeit des Hemdkragens mit der Behebung von Schluckbeschwerden – ein bisschen mehr vielleicht, aber eigentlich doch herzlich wenig. Ich habe ja schon im Zusammenhang mit dem Vitalsinn gesagt: Es nützt überhaupt nichts, die Kinder gleichsam geschäftsmäßig zu reinigen, etwa nach dem Motto: Erst wird der Küchenboden geputzt, dann das Waschbecken, dann das «Jaköble». Eine stets porenreine Haut ist noch lange kein gut entwickeltes Tastorgan. Die Dinge, über die wir heute sprechen, gehen wesentlich tiefer, und wenn tiefgehende Dinge oberflächlich beschrieben werden, kommt etwas Falsches dabei heraus. Was Ihnen nur irgendwie «gefühlsmäßig» nahegebracht oder auf eine Art und Weise erklärt wird, als sei Ihre Begriffsstutzigkeit von vornherein ausgemachte Sache, entmündigt Sie eigentlich. Aber in der Pädagogik sind Sie, liebe Eltern, die Hauptverantwortlichen, und ich finde es höchst problematisch, wenn ausgerechnet die Hauptverantwortlichen von den für ihr Gebiet maßgeblichen Erkenntnisprozessen ferngehalten werden oder sich – was es leider auch gibt – bequemlichkeitshalber gar nicht darauf einlassen wollen, sondern mit fertigen Rezepturen ganz zufrieden sind.

In meiner Beratungssprechstunde erlebe ich durchgängig, wie viel davon abhängt, ob es mir gelingt, die Ratschläge, die ich den Eltern für ihre Kinder gebe – das sind vielfach ganz handgreifliche, regelmäßig durchzuführende Übungen und Anwendungen –, menschenkundlich so zu begründen, dass die notwendige Transparenz entsteht und das, was dann zu Hause getan werden muss, aus einer gewissen Einsicht geschieht. Das erfordert zwar beiderseitig einigen Aufwand an Zeit und Mühe, aber dieser Aufwand lohnt sich offensichtlich, was daran zu erkennen ist, dass die erwähnten Übungen und Anwendungen umso disziplinierter durchgeführt werden, je besser sie wirklich verstanden worden sind. Und mehr noch: Wenn Mütter und Väter sich einleben in die Betrachtungsart, aus der die Ratschläge stammen, dann dauert es meistens nicht lange, bis ich bemerke, dass sie in die Sprechstunde kommen und die Vorschläge, die ich ihnen unterbreite, eigentlich nur noch wie eine Bestätigung empfinden für das, was sie sich selbst schon überlegt haben. Hinsichtlich des Tastsinnes müssen dementsprechend diejenigen, die für seine Pflege «hauptamtlich» zuständig sind, erstens den Zusammenhang kennen, den wir auf die Begriffe Differenz, Resonanz und Evidenz zugespitzt haben, also die Bedeutung des Tasterlebens für die Daseins- und Realitätsvergewisserung, das qualitätsbezogene Urteilsvermögen und die lebendige Vorstellungskraft durchschauen, und zweitens wissen, dass das Interesse als Seelenhaltung der fragend-staunenden Zuwendung ein sublimierter Tastimpuls ist. Wenn wir dies alles in Betracht ziehen, beginnen wir erst zu verstehen, wohin eigentlich die Tastsinnpflege zielt – was also der Engel des Kindes vorhat, wenn er von der anderen, von der Nachtseite her daran mitwirkt, das «Gefäß des Tastsinnes», den wir gut und gern auch als «Wirklichkeitssinn» bezeichnen können, zu formen. Welche sozial-mitmenschliche Fähigkeit soll da hineingegossen werden? Was ist erzieherisch zu beachten, um Störungen der Tastsinnentwicklung zu erkennen und entsprechende Hilfen anzubieten?

Was heißt «verstehen …»?

Erlauben Sie mir, bevor wir konkret auf diese Frage eingehen, noch einige Randbemerkungen zu der vorhin getroffenen Feststellung, der Tastsinn bilde auch die Grundlage dafür, dass wir die sinnenfällige Wirklichkeit im lebendigen Denken erfassen können. Sicher ist Ihnen aufgefallen, dass ich vom *lebendigen* Denken spreche. Damit ist nicht die objektivierende, Beziehungslosigkeit fordernde Logik gemeint, die sich in der Naturwissenschaft und naturwissenschaftlich orientierten Philosophie durchgesetzt hat, die zwar durchaus höchsten Respekt verdient, aber doch oftmals den Teufel mit dem Beelzebub austreibt. Es kann auch im Bemühen um eine spirituelle Weltauffassung nur nützlich sein, sich diesbezüglich einer gewissen Disziplin zu unterwerfen, also beispielsweise persönliche Vorlieben oder Abneigungen aus der Urteilsbildung herauszuhalten. Aber ohne gelegentliche Rückversicherung bei den Phänomenen, wie sie sich der unmittelbaren Erfahrung darbieten, führt das immer weiter getriebene extrapolierende Denken zwar aus der Verschwommenheit des bloß gefühlsmäßigen Vertretens von «Meinungen» heraus, doch auf der anderen Seite auch wieder in etwas Irreales, ich möchte fast sagen: Gespenstisches hinein, nämlich in die Todeszone der unbelebten, unbeseelten Intellektualität. Dort spielt es allenfalls noch eine ganz untergeordnete Rolle für die Beurteilung der Naturerscheinungen, wie sie sich unseren Sinnen mitteilen, weil man jede Art von subjektiver Wahrnehmung für untauglich hält, zur Wahrheitsfindung beizutragen. Dabei wird übersehen, dass es subjektiv vermittelte Zugänge zur Objektivität gibt, oder anders gesagt: einen Bereich allgemeingültiger Tatsachen, der nur durch die Pforte des individuellen Erlebens betretbar ist. Jeder Molekularbiologe oder Astrophysiker müsste in ähnlicher Art, wie zum Beispiel Psychotherapeuten zur sorgfältigen Selbstbeobachtung angehalten sind, dazu verpflichtet werden, regelmäßige Wahrnehmungsübungen zum Beispiel auf der Grundlage der Goetheschen Farbenlehre zu machen oder sich einer Sinnesschulung nach der Methode von Hugo Kükelhaus zu unterziehen. So wäre gewährleistet, dass die Untersuchungen, die im Labor oder am Computer durchgeführt werden, immer wieder ihre notwendige Ergänzung fänden durch eine Vertiefung beziehungsweise Steigerung der Wahrnehmungsfähigkeiten, die darüber Auskunft geben können, wie sich die Erscheinungen in der unmittelbaren Begegnung mit dem Menschen aussprechen. Man würde dann schon bemerken, dass diese Sprache durchaus eine einheitliche «Grammatik» hat.

Heutzutage, nicht wahr, sind die Ergebnisse labortechnischer Analysen und Arrangements allemal wichtiger als das, was man riechen, hören, schmecken, sehen, spüren kann, und einer digitalen Berechnung wird mehr Bedeutung beigemessen als jeder Aussage, die auf der Fähigkeit beruht, sich verstehend einzufühlen. Deshalb leben wir in einer Welt, in der – bei aller hochentwickelten Technik und gewaltigen Informationsanhäufung – die Kunst, Ideen zur Lösung drängender Probleme aus der wachsamen Beobachtung lebendiger Prozesse in Natur und Gesellschaft zu schöpfen, so trostlos unterentwickelt ist. Man hat verlernt, dass der Beobachter, statt sich auf die «strategische» Position zurückzuziehen, aus seinem Involviertsein, meinethalben seiner «Betroffenheit», Gewinn ziehen kann. Kühle Distanziertheit ist nicht immer die beste Ratgeberin und anteilnehmende Nähe nicht notgedrungen «unwissenschaftlich». Im Gegenteil. Es gibt eine Art von Realitätsbezug, der nur hergestellt werden kann durch ein Erkenntnisbemühen, in das die *fürsorgende Zuwendung* zum Erkenntnisgegenstand eingeschlossen ist. Wer die «Sprache der Phänomene» verstehen will, hat ein vitales Interesse an ihrer Unbeschädigtheit. Er will sie so antreffen, dass sie ihm ihr Wesen offenbaren, und dies ist nur möglich, wenn er sie in ihrer *Würde* achtet.

Ja, die Würde eines Baumstammes, eines Kristalls, des Windes oder Wassers ist spürbar! Es gibt keine Art des Kennenlernens eines fremden Seienden, die so deutlich dieses Erlebnis des Würdevollen mit sich bringt, wie die aufmerksam tastende Berührung beziehungsweise das Hinlauschen auf die Empfindungen, die das Berührtwerden auslöst. Deshalb ist jede andere Beziehung, in der sich Erkenntnisstreben mit fürsorgender Zuwendung verbindet, ein Abkömmling der Tastbeziehung. Ich will Sie nicht mit dem wohlfeilen wissenschaftskritischen Lamento belästigen, zu dem sich heute jeder Hanswurst berufen fühlt, aber es führt doch kein Weg an der Feststellung vorbei, dass man von einer tragischen Verwahrlosung der Bewusstseinsfähigkeiten sprechen muss, die in der Tasterfahrung ihren Ursprung haben. Das ist ein alarmierendes Symptom. Was wieder gelernt werden muss, ist der Blick auf die Schöpfung, der von den Urerfahrungen des Tastens gleichsam belehrt ist, eben der *interessierte* Blick, wie ich ihn vorhin charakterisiert habe. Dieser Blick zerlegt die Dinge nicht wie eine Jagdbeute, sondern *ruht* auf ihnen mit scheuer Zurückhaltung: fragend, ohne die Antwort erpressen zu wollen, und mit keiner anderen Absicht als derjenigen des Verstehens.

Das liebende Weltverhältnis

«Es ist die Reaktion [des] eigenen Inneren auf einen äußeren Vorgang, der da im Erlebnis vorliegt, der in keinem anderen Sinneserlebnis in derselben Weise vorliegt wie im Tasterlebnis», heißt es bei Rudolf Steiner. Deshalb würde «der Mensch …, wenn er keinen Tastsinn hätte, das Gottgefühl nicht haben». Wir erleben tastend die äußere Welt tief innerlich und sind dadurch erst in der Lage, uns verstehend zu ihr hinzuwenden: auf der Grundlage der erfühlten Gewissheit ihres wahrhaftigen Vorhandenseins. Diese Gewissheit nennt Steiner das «Gottgefühl» beziehungsweise das Durchdrungensein mit der «Gottsubstanz». Es ist schon ein Geheimnis, dass der Sinn, durch den wir einerseits «in der gröbsten Weise» mit der Außenwelt verkehren, andererseits diese Evidenzerfahrung ermöglicht, die nun beileibe nicht «grob» ist; und dass zudem derselbe Sinn einen wesentlichen Anteil daran hat, dass wir uns «verständnisvoll» in die Eigenschaften der Dinge einfühlen können. Es ist richtig: Bei dem Vorgang, der beispielsweise zu der Eigenschaftsbezeichnung «rau», der Druckbestimmmung «heftig», der Definition der Art des Berührtwerdens «reibend» und endlich zur Identifikation des Gegenstandes, sagen wir: «Baumrinde» führt («Ich bin heftig an etwas Rauem entlanggeschrammt; es war wohl ein Baumstamm»), spielt außer dem Tasterlebnis noch manches andere mit, auch wenn wir die Augen und die Nase nicht zu Hilfe nehmen.

Zur Bestimmung der Heftigkeit des Drucks und der Art des Berührtwerdens brauchen wir den Gleichgewichtssinn und Bewegungssinn (darüber wird noch zu sprechen sein), der Lebenssinn in seiner Sekundärfunktion zeigt die innere Befindlichkeitsveränderung auf der Skala Behagen – Unbehagen an, und das auf Erfahrungen sich stützende begriffliche Denken ist notwendig, um den Vorgang «auszuwerten». Aber das schmälert nicht die zentrale Bedeutung des Tastsinnes für das Gesamtgeschehen, welches wir erst durch ihn als ein «Berührtwerden von außen» identifizieren und durch das beschriebene Phänomen der «Resonanz» zugleich so nuanciert erleben, dass Rückschlüsse im Sinne von Eigenschaftszuschreibungen überhaupt möglich werden. Vieles spielt da, wie gesagt, mit, aber der Tastsinn ist der Garant für ein differenziertes Realitätskonzept. Am Beispiel des «heftigen Entlangschrammens» lässt sich im Übrigen sehr gut ablesen, was ich als eine weitere Gesetzmäßigkeit bezeichnen würde: Je heftiger die Berührung, desto mehr überwiegt im Tasterlebnis die *Grenzerfahrung*, also der Aspekt der «Differenz», bis hin zur Abwehr: Der ganze Mensch reagiert seelisch-leiblich *zurückweisend*, Gleichgewichts-, Bewegungs- und Lebenssinn werden zugleich *irritiert*; je zarter die Berührung, desto mehr rückt hingegen der Aspekt der «Resonanz» in den Vordergrund: wir *öffnen* uns für den betreffenden Eindruck, Gleichgewichts-, Bewegungs- und Lebenssinn werden involviert, das heißt einbezogen, es entsteht ein harmonischer Zusammenklang aller Basalsinne – ein Zustand des «vorbewussten Interesses», möchte ich sagen. In der Tat kann in diesem Fall, wenn die Berührung eine zarte, behutsame und dadurch natürlich das «Verweilen» begünstigende ist (wir schrecken nicht zurück!), die bewusste Urteilsbildung wesentlich ungestörter einsetzen als beim heftigen, vielleicht schmerzhaften Zusammenstoß. Das ist jetzt sehr verkürzt dargestellt, aber doch eine recht bedeutsame Beobachtung gerade in Bezug auf die Tastsinnentwicklung bei Kindern: Sie brauchen den behutsamen, verweilenden Hautkontakt, um später eine gesunde Urteilskraft auf der Basis der anteilnehmenden Aufmerksamkeit und des Urvertrauens in das «Sein als solches» zu entwickeln. Wo im Tasterlebnis die Resonanz, das innere Mitschwingen, überwiegt (und nicht die harte Grenzerfahrung), kann im tiefsten Inneren das «Gottgefühl» Platz greifen und dasjenige auflösen, was in der Psychologie bekannt ist als die qualvolle Unsicherheit des «Existenzzweifels», der besonders häufig in den Jugendjahren auftritt («Bin ich überhaupt da? Ist überhaupt irgendetwas, irgendjemand wirklich da?») und sich bis ins Krankhafte steigern kann, wenn der Tastsinn nicht gut entwickelt ist.

Wir wollen ruhig ganz lapidar sagen: Es ist das im Tastsinn gründende *liebende Weltverhältnis*, das den Existenzzweifel, den natürlich jeder kennt, überwinden hilft. Und Liebe, da werden wir uns einig sein, ist nichts Passives, darin ist immer eine Aktivität enthalten, auch wenn sie sich ganz im Verborgenen, ganz inwendig entfaltet. Je tiefer mich ein Eindruck innerlich anrührt, ohne mich als wahrnehmendes Subjekt zu überwältigen (auch dies ist durch den Tastsinn, insofern er uns begrenzt, gewährleistet: dass überhaupt die Außenwelteindrücke uns nicht völlig überfluten), desto mehr bin ich natürlich geneigt, ihm gegenüber Behutsamkeit walten zu lassen. Grober, unsensibler Umgang ist immer ein Zeichen von mangelndem «Gespür». Man spricht ja auch im übertragenen Sinne vom «Fingerspitzengefühl». Daran kann es aus verschiedenen Gründen mangeln. Wer einem Ding oder Wesen gleichgültig oder mit empfindungsloser, nur berechnender Neugier gegenübertritt, wird sich ebensowenig feinfühlig verhalten wie derjenige, der dazu neigt, jedes Mal gewissermaßen über seine Grenzen hinauszustolpern, sobald etwas oder jemand eine Anziehungskraft auf ihn ausübt. Das ist die eine Form, von Eindrücken als wahrnehmendes Subjekt überwältigt zu werden: Man kann nicht bei sich bleiben, benimmt sich vor lauter Sympathie wie der sprichwörtliche Elefant im Porzellanladen. Die andere, jedermann bekannte Möglichkeit ist die mehr passiv erlittene Überbeeindruckbarkeit, die zu reflexhaften Zurückweisungs- beziehungsweise Abgrenzungsgebärden führt. Das Ziel der Abwehr ist auch hier die Herabdämpfung des «Gespürs». Man will nichts mehr an sich heranlassen, kapselt sich instinktiv ab. Diese Vorgänge habe ich in meinem Buch *Vom Rätsel der Angst* ausführlich dargestellt.

Nähe und Verletzlichkeit

Der Tastsinn hat die Aufgabe, eine gesunde, bewegliche Mittellage zwischen zu starker und zu schwacher Beeindruckbarkeit, Offenheit und Begrenztheit, Sympathie und Antipathie herzustellen. Er ermöglicht, wenn er gut ausgebildet ist, in seiner verwandelten, die seelisch-geistige Umweltbeziehung regulierenden Funktion das tief anteilnehmende Interesse aus unbedrohtem Selbstbewusstsein. Wenn Sie dies in der Erziehung, besonders in der Früherziehung, genügend berücksichtigen, dann bereiten Sie zusammen mit dem Engel des Kindes ein «Gefäß» vor, in welches dieser dann später, in den Jugendjahren, hineingießen kann, was ich bezeichnen möchte als eine *fürsorgliche* Einstellung zur Welt. Behutsamkeit gehört dazu, Zärtlichkeit, Rücksichtnahme. Von der Erkenntisseite her ist es, wie wir gesehen haben, das Interesse; von der mehr empfindungsmäßigen Seite her die Fürsorglichkeit, die dem wahrhaften Interesse naturgemäß innewohnt. Und dies ist ja, wie Sie zugeben werden, eine hohe *Sozialfähigkeit*, die zwar zunächst im Umgang mit der materiellen Welt erübt wird, aber dann als sozial-mitmenschliche Haltung ihre vornehmste Ausprägung erfährt.

Wie also der Lebenssinn die Grundlage bildet für die gemeinschaftsbildende Fähigkeit der Toleranz, trägt das, was anfänglich die tastende Realitätsvergewisserung ist, schon die Keime zu einer fürsorglichen Lebenseinstellung in sich. Demgegenüber sind alle moralischen Belehrungen zweitrangig. Denn auch für das, was in der Welt an Moral lebt – ich meine nicht die Postulate, sondern, wie gesagt, das, was *lebt* –, brauchen wir eine Auffassungsgabe. Und diese setzt sich eben zusammen aus den Bestandteilen dessen, was wir zunächst, auf der Grundstufe, durch die selbstwahrnehmend-leibbezogenen Sinne lernen. Obwohl wir durch diese Sinne primär die eigenen körperlichen Zustände wahrnehmen, sind sie eben doch in hohem Maße für die Regulierung der Umweltbeziehungen verantwortlich. Das wird meistens übersehen oder doch nicht genügend hervorgehoben.

Die nachahmungsbereite Hingeneigtheit der Kindesseele zum Guten, in der sich die Gegenwart des «höheren Selbstes», des Engels, zeigt, drückt sich im Bereich des Tastsinnes so aus, dass die zärtliche Fürsorge, die Sie dem Kind zuteil werden lassen, Gefühle der Dankbarkeit und des Vertrauens in ihm weckt, die sich im Laufe der Zeit in soziale Willensimpulse verwandeln können. Das Kind erlebt die Liebe am Leib wie die Bestätigung einer Erwartung. Etwas fügt sich zu einem Ganzen. Beim Erwachen, also beim Heraustreten aus der Geborgenheit des Schlafes, wo der Engel sein Werk tut, trägt uns das Kind eine Frage entgegen, auf die es eine tief befriedigende Antwort erhält, wenn wir ihm durch unsere Fürsorgehandlungen (durch die Art, wie wir es seine Würde als *leibliches* Wesen spüren lassen) ein Gefühl des *Umhülltseins* geben und zum anderen die Erfahrung der, ich möchte sagen: *Sanftheit* des Berührtwerdens von außen vermitteln. Wir sind es ja, die zunächst das «Außen» repräsentieren. Dass die Begegnung mit der Realität, die ganz unvermeidlich in jedem Kindesleben auch Schmerzen verursacht, eine wohltuende sein kann, müssen wir dem Kind zu Bewusstsein bringen. Das ist eine zentrale vertrauensbildende Erfahrung, die buchstäblich «auf der Haut» stattfindet. Und es bedarf eben eines gesunden Daseinsvertrauens, um soziale Fähigkeiten auszubilden. Wenn ich ständig in der Angst leben muss, dass Nähe Schmerz bedeutet, kann ich mich dem anderen nicht wirklich zuwenden, denn Zuwendung bedeutet Nähe, und Nähe bedeutet Verletzlichkeit. Sie sehen also wiederum, wie die Dinge in der Entwicklung des Menschen auf erstaunliche Art ineinandergreifen. Wenn von Moralerziehung gesprochen wird, muss von der Gemüts- und Willensbildung gesprochen werden, und diese wiederum hängt in hohem Maße mit der Sinnesentwicklung zusammen, auf die wir heute unser besonderes Augenmerk richten.

Das «im Raum begrenzte leibliche Selbst»

In der Nacht, sagte ich, tut der Engel sein Werk. Sein von innen her kräftigend-ordnender, die Stoffwechselprozesse regulierender Beistand ist *Lebenssinnpflege.* Dazu müssen wir das Unsrige beitragen, indem wir uns aus einer geduldig-andachtsvollen Stimmung heraus beruhigend, rhythmisierend, wärmend und so weiter dem Kind zuwenden, um ihm ein Gefühl der *Behaglichkeit im Leib* zu vermitteln. Aber auch alles Sonstige, was wir nicht hektisch oder oberflächlich, sondern mit Geduld und Andacht im Umkreis des Kindes tun, nimmt es fein nachahmend in sich auf und wird davon bis ins Organische hinein harmonisierend beeinflusst. Wir haben gesehen, wie nun gerade die Kinder, die in dieser Hinsicht Schwierigkeiten haben, die kleinen Unruhegeister, ganz besonders darauf angewiesen sind, dass wir ihnen mit der nötigen *Toleranz* begegnen. Nicht mit einer watteweichen

Haltung des Gewährenlassens, sondern mit Toleranz. Das ist ein großer Unterschied. Diese Kinder brauchen Konsequenz, aber wir dürfen nicht darauf verfallen, ihnen ihre Wesensart ständig übelzunehmen. Sie sind in ganz besonderem Maße auf unsere Wertschätzung angewiesen, und diese Wertschätzung muss den Hintergrund für die erzieherischen Hilfestellungen bilden, die wir anbieten, auch wenn es manchmal unangenehme Hilfestellungen sind, die das Kind eher als Einschränkungen erlebt und entsprechend quittiert. Pädagogisch aktive Toleranz für diese Kinder aufzubringen ist der Aspekt der Selbsterziehung des Erziehers, der hier besonders in Betracht kommt. Ich wiederhole noch einmal das Motto, von dem wir uns dabei leiten lassen: «Immer ist es die ins Seelische metamorphosierte Qualität beim Erwachsenen, die auf die entsprechende Primärqualität (leibgerichtete Orientierung) beim Kind heilsam wirkt.»

Und wie verhält es sich nun beim Tastsinn? Wie der Engel, um den Lebenssinn heranzubilden, «kräftigend-ordnend» auf die Leibesprozesse einwirkt, so kann das, was er im Hinblick auf die Tastsinnentwicklung vollbringt, als «formend-konfigurierend» bezeichnet werden. Am Leib des Kindes sind plastizierende Kräfte tätig, die vor allem im Schlaf «arbeiten». Sie werden tagsüber mehr oder weniger verbraucht und regenerieren sich nachts. Durch diese Kräfte erhält der werdende Leib nach und nach seine allgemeinmenschliche, dann auch geschlechtsspezifische Gestalt. Sie realisieren die «Architektur der Schöpfung». Ihnen ist es aber auch zu verdanken, dass wir ein «Körperbild» haben, das heißt ein sicheres Gefühl für die Proportionen unseres Leibes, seine Ausdehnung und Größe im Raum. Rudolf Steiner schrieb in seinem Fragment *Anthroposophie*, in dem die Sinneslehre (noch unvollständig) skizziert ist, dass sich der Mensch durch den Vitalsinn als ein «den Raum erfüllendes leibliches Selbst» erlebt. Dies können wir für den Tastsinn so variieren, dass wir sagen: Durch ihn erleben wir uns als ein *im Raum begrenztes leibliches Selbst.* Darauf beruht die vorhin erwähnte Empfindung des «Umhülltseins», und dass wir diese Empfindung haben, verdanken wir den Vorgängen, die sich in der Verborgenheit des Schlafes abspielen. Wer schon einmal mehrere Tage und Nächte durchgewacht hat, weiß, wie es dann um sein Körperbild, sein «Hüllengefühl» bestellt ist. Sehr schlecht nämlich. Man kann dann erstens nicht mehr richtig einschätzen, wie viel «Raum im Raum» der eigene Körper einnimmt, wo seine Grenzen verlaufen, was zur Folge hat, dass man dauernd irgendwo anstößt, Entfernungen falsch beurteilt, sich an manchen Körperpartien wie aufgebläht fühlt und so weiter. Man wird auf der ganzen Linie ungeschickt und tollpatschig. Das liegt nicht allein am unscharfen Körperbild, sondern auch der Bewegungssinn und der Gleichgewichtssinn sind irritiert, aber die schlechte Orientierung in Bezug auf die eigene Form und Ausdehnung spielt dabei eine wesentliche Rolle. Außerdem führt Schlafmangel bekanntlich zu emotionaler Überempfindlichkeit: Alles «geht einem zu nahe», man wird schreckhaft und heikel, fühlt sich immer gleich angegriffen, kann starke Sinneseindrücke, zum Beispiel Geräusche, schwer verkraften. Jeder kennt ja die etwas hysterische Verfassung, in die man da geraten kann. Der Grund dafür ist das Gefühl der «Hüllenlosigkeit», das auf der seelischen Ebene auftritt, wenn das Körperbild unscharf wird. Die Redewendung vom «dünnen Nervenkostüm» erinnert an diesen Zusammenhang: Das Sinnesorgan Haut, durch das wir uns umkleidet fühlen («Kostüm)», ist zu durchlässig geworden. Der sensible Aspekt (Empfindsamkeit) tritt gegenüber dem orientierenden (Körperbild, Hüllengefühl) zu stark in den Vordergrund. Das kann man sich übrigens für alle weitere Sinnesforschung als Grundsatz einprägen: Jede Sinnesfunktion hat einen sensiblen und einen orientierenden Aspekt. Beide sollten sich ungefähr die Waage halten.

Von der Erdenankunft

Nun gut, bei einigermaßen gesunder Lebensführung und unter der Voraussetzung, dass wir keinen extremen Belastungen ausgesetzt sind, sollten wir Erwachsenen diesbezüglich im Großen und Ganzen stabil sein. Andernfalls könnten wir unseren Alltag gar nicht bewältigen. Nun müssen wir uns aber klarmachen, dass der Mensch durchaus nicht mit einem gut gefügten Körperbild zur Welt kommt. Das kleine Kind hat noch kein deutliches Erlebnis seiner Leibesgrenzen und folglich auch kein autonomes Hüllengefühl. Das muss erst nach und nach entstehen, und weil es anfangs noch so unvollkommen ist, sind kleine Kinder so schnell verängstigt. In diesem Punkt wird ja viel Unsinn geschrieben und geredet. Gerade in den letzten Wochen habe ich hintereinander in einem Kinderbuch und in einem psychologischen Lehrbuch gelesen, die Angst sei eigentlich etwas, was erst im Laufe des Lebens erworben werde. In dem Kinderbuch heißt es mehrfach über die kleine, etwa fünfjährige Hauptperson, das Kennenlernen der Angst stehe ihr leider noch bevor in der rauen Wirklichkeit, vorläufig sei die Welt zum Glück noch lauter eitel Sonnenschein. Ein typischer lebensfremder Erwachsenenunsinn. In dem psychologischen Buch wird dann sogar vordoziert, der beste therapeutische Weg für angstgeplagte Erwachsene führe zurück zur Seelenverfassung der frühen Kindheit. Denn dies sei eine komplett angstfreie Seelenverfassung. Solche Fehlurteile rühren daher, dass man sich auf romantisierende Art alles Mögliche über die Kindheit zusammendichtet, statt zu beobachten, was der Fall ist. Dann würde man nämlich sehen: Die Angst ist von Anfang an da, als Teil der conditio humana, und zwar machtvoll.

Der Austritt aus dem Mutterleib ist zunächst das Hinausgeworfenwerden in ein Meer der Angst. Diejenigen, die davon sprechen, dass es ein generelles Geburtstrauma gibt, dass also die

Geburt als solche eine traumatische Erfahrung ist, sind zweifellos besser im Bilde als jene, die irgendwelche Geschichten von der frühkindlichen Seligkeit des «Einsseins mit allem» und so weiter verbreiten. Das sind irreführende Viertelwahrheiten. Der Wahrheitsprozentsatz besteht in der schlichten Tatsache, dass kleine Kinder noch sehr innig verbunden sind mit der geistig-göttlichen Welt – so innig, dass sie eigentlich immerfort dorthin zurückstreben. Wir dürfen als Eltern nicht den Fehler begehen zu glauben, unsere hochgeschätzte Gegenwart sei für das Neugeborene das höchste Glück. Das höchste Glück *auf Erden*, ja, das schon. Aber wenn so ein kleines Geschöpf reden könnte, würde es uns sagen: «Ihr seid mir lieb und teuer, ich habe mich ja auch für euch entschieden. Es gibt da jedoch einen Ort des Friedens und der Geborgenheit, wo ich immer seltener verweilen darf – den könnt ihr mir nicht vollständig ersetzen. Und dass ich von dort Abschied nehmen musste, wisst ihr, das war ziemlich schlimm für mich. Obwohl ich es selbst mit aller Kraft wollte und mich gründlich darauf vorbereitet habe, werde ich doch lange brauchen, bis ich darüber hinweg bin.» – So ungefähr würde das Kind sprechen. Sehen Sie, das ist der tiefere Grund dafür, dass Kleinkinder ständig schlafen wollen. Ich sage jetzt bewusst einmal «wollen», nicht «müssen». Es liegt natürlich auch eine Notwendigkeit darin, aber vor allem eine tiefe Sehnsucht. Schlafen heißt für das Neugeborene *Daheimsein*. Anfangs sind die Kinder nicht eigentlich bei uns, in den Erdenverhältnissen, «daheim», sondern hier ist die fremde Welt, die erst nach und nach vertraut werden muss. Es ist der Kern unseres Erziehungsauftrages, dem Kind dieses Vertrautwerden zu ermöglichen. Und «Vertrautwerden» – das ist nur ein anderes Wort für «Angstbewältigung». Jedes Mal, wenn das Kind einschläft, begibt es sich in die Hände seines Engels und erlebt den Urzustand des Behütetseins, Umhülltseins, und jedes Mal braucht der Engel allerhand Geduld, um es davon zu überzeugen, dass es wieder in die Fremde hinaus muss und nicht alles gleichzeitig haben kann: die geliebten Eltern, die irdischen Genüsse und Schönheiten, die es schon schätzen gelernt hat, die vielen aufregenden Neuigkeiten, aber bitteschön die zeitenthobene Sorglosigkeit und Unbeschwertheit des Himmelsdaseins gleich mit dazu. Ja, sie sind ziemlich anspruchsvoll, die kleinen Neuankömmlinge. Deshalb schreien sie wegen jeder Kleinigkeit. Wir sollen deutlich vernehmen, dass sie von dort, wo sie herkommen, Besseres gewöhnt sind. Wenn wir das spüren, sind wir ja, das ist nur allzu menschlich, zwischen verwöhnender Beflissenheit und Verärgerung über so viel «Egoismus» hin- und hergerissen. Natürlich ist das kein Egoismus, sondern es sind Umstellungsschwierigkeiten. Wenn wir statt verwöhnender Beflissenheit liebevolle, aber zugleich auch sachgemäße Fürsorge walten lassen und unsere Verärgerung über den vermeintlichen Egoismus in einen Erziehungsstil verwandeln, der auf maßvolle Art lehrt, dass man auch bisweilen verzichten und selbst einmal mit Unannehmlichkeiten fertigwerden muss, dann liegen wir richtig. Eine Portion Humor über diese offenbar befehlsgewohnten kleinen Prinzen und Prinzessinnen, die so tun, als kämen sie aus einer Gegend, wo ihnen jeder Wunsch ganz selbstverständlich von den Augen abgelesen wurde (was ja in einer gewissen Hinsicht sogar stimmt), gehört unbedingt dazu, aber dabei dürfen wir nie ganz vergessen, dass wir *auch* Zeugen einer echten Not sind, die zu lindern uns aufgetragen ist.

Ich will das jetzt nicht zu dick unterstreichen, es gibt ja auch die andere Seite: die kindliche Lebensbejahung, das freudige Hineinstürmen in diese Welt und das staunende Verharren vor ihren Wundern. Aber damit diese Seite kraftvoll zum Vorschein kommen kann, müssen wir den Kindern eben doch einen angemessenen Empfang auf der Erde bereiten und ihnen in der Anfangszeit helfen, Vertrauen zu der neuen, fremden Umgebung zu fassen, kurzum: ihre Angst zu bewältigen. Dabei können wir uns glücklicherweise an einen unerschütterlichen, unerschrockenen Wesenskern wenden, der im Schlaf immer wieder, wenn ich so sagen darf, «aufgeladen» wird mit Zuversicht und Vertrauen. Das ist der Kern, der Leib und Seele zusammenhält. Von ihm ausgehend wirkt bei Tage fort, was nachts der Engel hineingelegt hat an kräftigenden, ordnenden, formenden Impulsen, die wir von der anderen Seite her gleichsam bestätigen müssen. Zum Beispiel indem wir die Leibessinne pflegen, die, wie Christoph Lindenberg schreibt, «das Gefühl des Seins und der Sicherheit vermitteln».

Erziehung und Selbsterziehung: Die Fürsorglichkeit

Wenn wir uns nicht scheuen, das Bild ganz ernst zu nehmen, dass im Schlaf der Engel den Leib des Kindes in seine Hände nimmt und vollständig umschließt, unendlich behutsam und zugleich bestimmt ihm die Formimpulse mitteilt, denen sich die Wachstumskräfte fügen müssen, dann können wir ermessen, welche Erwartungsstimmung uns das Kind entgegenträgt, wenn es aufwacht. Es erwartet unseren kräftigend-ordnenden Beistand, um sich in seinem Leib behaglich zu fühlen, und unsere Hilfe zur Befestigung des Körperbildes, um aus dem Erlebnis des Geformt- und Umhülltseins Daseinsvertrauen zu gewinnen. Das ist das Erste, was für die Tastsinnpflege in Betracht kommt: Wir müssen dem Kind so viel wie möglich helfen, sich seiner Haut bewusst zu werden, damit es ein deutliches Körperbild entwickeln kann. Es will sich immer wieder umhüllt fühlen von der sanften Bestimmtheit mütterlicher oder väterlicher Hände, um sich selbst in seiner leiblichen Individualität und Begrenztheit wahrzunehmen, aber auch um zu erleben, dass das Berührtwerden nichts ist, wovor man Angst haben muss, sondern was Sicherheit und Nähe zugleich bieten kann. Es kommt ja rasch die Zeit, in der das Kind seine Umgebung aktiv mit den Händen tastend erkunden will, und da muss schon ein gewisser Vertrauensfundus vorhanden sein, um vor den unweigerlich damit einhergehenden Schmerzerlebnissen nicht gar so sehr zu erschrecken, sondern sich geborgen zu fühlen im eigenen Leibeshaus, auch wenn einmal kalt der Wind hereinpfeift oder die Wände wackeln. Was da zunächst über den Leib in die Erfahrung tritt als Hüllengefühl und positives Erlebnis der Nähe (das Gegenteil wäre ein Gefühl des Ausgeliefertseins, der Schutzlosigkeit, in Verbindung mit Berührungsängsten), wird später zu einem konstituierenden Bestandteil der Persönlichkeitsentwicklung und des Ich-Welt-Verhältnisses. Die erste Stufe des Selbstvertrauens ist das Körpervertrauen, namentlich das tastsinnvermittelte, elementare Erlebnis des *Wohnens* in den sicheren Grenzen des eigenen Leibes. Ob sich ein Mensch in späteren Jahren als seelisch-geistiges Wesen «bei sich selbst zu Hause», in sich selbst gefestigt fühlt oder nicht, ob er die Welt seiner Empfindungen und Gedanken als sein eigenes Reich erlebt, in dem nicht die Außenwelt, sondern er selbst regiert – das hängt zu einem nicht unerheblichen Teil vom (leibgerichtet) *orientierenden* Aspekt der frühen Tastentwicklung ab. Vom *sensiblen* Aspekt hängt es demgegenüber ab, ob aus dieser Grundsicherheit heraus jenes lebendige, feinsinnige Weltinteresse entstehen kann, von dem wir gesagt haben, dass in ihm die sozialen Fähigkeiten der Zärtlichkeit, Behutsamkeit, Anteilnahme und so weiter veranlagt sind.

Daran wirken wir vorausschauend mit, indem wir, um es zu wiederholen, durch die Art, wie wir dem Kind durch unsere Berührungen seine Hautgrenze zu Bewusstsein bringen,

Vertrauen schaffen. *Sanfte Bestimmtheit* habe ich es genannt, weil in dieser Formulierung beides enthalten ist: das Begrenzende der Bestimmtheit, aber auch das Öffnende, Nähe-Herstellende der Sanftheit. Gemeint sind zunächst ganz direkt unsere pflegenden und spielerischen «Handgreiflichkeiten» am Leib des Kindes. Es sind hoffentlich auch viele *spielerisch-zwecklose* dabei. Wenn Sie sich zu zaghaft verhalten beim Körper-Körper-Kontakt, weil Sie vielleicht selbst Berührungsängste haben, wirkt das, was Sie tun, eben unsicher, undeutlich und löst entsprechende Empfindungen im Kind aus. Dass auf der anderen Seite Grobheit natürlich zu nichts Gutem führt, ist klar. Und bitte bedenken Sie: Auch wenn Sie Ihre Pflegehandlungen auf das rein Pragmatische, hygienisch Erforderliche beschränken und ohne innere Anteilnahme durchführen, wirkt das grob. Sie brauchen dazu gar nicht in dem Sinne grob zu sein, dass Sie dem Kind wehtun. Die Teilnahmslosigkeit als solche hat etwas Verletzendes! Was Sie brauchen, ist nicht diese oder jene Technik, es handelt sich vielmehr darum, eine bestimmte innere Einstellung zu gewinnen, die Ihnen hilft, alles, was Sie sonst auch tun, um eine kleine, aber entscheidende Nuance anders zu tun. Natürlich gibt es auch konkrete Maßnahmen zur Tastsinnpflege, die man anwenden kann, wenn man bemerkt, dass ein Kind in diesem Punkt besonders hilfebedürftig ist. Aber auch hier ist das *Wie* ausschlaggebend. Ob Sie Ihr Kind nur deshalb waschen, weil ein Kind sauber zu sein hat, oder aus dem inneren Bedürfnis heraus, ihm Hülle zu geben, sein Daseinsvertrauen zu stärken, das macht äußerlich keinen gewaltig ins Auge stechenden Unterschied, aber für das Erleben des Kindes tun Sie zwei völlig verschiedene Dinge.

Was ich ziemlich oft verordne, wenn offensichtlich eine Tastsinnproblematik vorliegt, ist eine allmorgendliche Ganzkörpereinreibung nach bestimmten Regeln. Auch hier gilt jedoch, dass gar nichts gewonnen ist, wenn die Sache nur wie eine lästige

Pflicht erledigt wird. Die Kinder lehnen die Prozedur dann auch instinktiv ab. Geschieht es aber mit der richtigen inneren Einstellung und aus dem Wissen heraus, welche tiefere Bedeutung diese scheinbar so lapidare Maßnahme hat – geschieht es also aus jener inneren Stimmung der Fürsorglichkeit heraus, die auf echtem, anteilnehmendem Interesse am Schicksal des Kindes beruht –, dann sind die Ergebnisse bisweilen verblüffend; es kommen zum Beispiel Rückmeldungen aus der Schule, dass sich die Unterrichtsteilnahme des Kindes schlagartig verbessert habe. Denn sehen Sie, genau in derselben Art, wie die unruhigen Kinder unsere Toleranz, unsere von Wertschätzung getragene pädagogische Umsicht brauchen, um sich in ihrem Leib wohler zu fühlen, brauchen die ängstlichen, scheuen, sich schutzlos fühlenden Kinder unser tief anteilnehmendes Interesse. Es sind nämlich diese ängstlichen, zaghaft-scheuen, immer Zuflucht suchenden, vor allem Fremden, Neuen, Ungewohnten zurückschreckenden Kinder, bei denen wir, wenn wir ihnen helfen wollen, unser Augenmerk besonders auf den Tastsinn richten müssen. Ihnen müssen wir das Gefühl vermitteln, dass wir wirklich um sie besorgt sind und tatkräftige Schicksalsbegleiter für sie sein wollen. Ich meine jetzt keine zergrübelte, humorlose Besorgtheit. Das Kind soll ja nicht den Eindruck gewinnen, es sei schuld an der Abgehärmtheit und Schwermut seiner Eltern, nur dies nicht! Denn ängstliche Kinder neigen ohnehin dazu, sich dauernd schuldig zu fühlen. Nein, ich spreche von der auf wachem Interesse beruhenden, Zuversicht ausstrahlenden Fürsorglichkeitshaltung, die dem Kind signalisiert, dass es in Sicherheit ist. Natürlich brauchen auch diese Kinder unsere Toleranz, alle Kinder brauchen sie, ganz besonders diejenigen, die es schwer haben mit sich und der Welt. Wo die persönliche Wertschätzung fehlt, nützen die ausgeklügeltsten Erziehungsmethoden nichts. Aber für ängstliche Kinder ist der Aspekt der fürsorglichen Schicksalsbegleitung das Wesentliche.

Man sollte ihnen gegenüber eine Haltung an den Tag legen, die ich manchmal bei passionierten Krankenschwestern angetroffen habe, so merkwürdig es klingen mag. Wer den Pflegeberuf «im Blut» hat, kann auf eine unerhört tröstliche, ermutigende Art einfach durch seine Anwesenheit heilend wirken. Tatkraft, Entschiedenheit, Verständnis und Hilfsbereitschaft verbinden sich da zu einer Einstellung, durch die beim Kranken das Wunder geschehen kann, dass er den Zustand der Hilfebedürftigkeit als ein Geschenk erlebt.

Das latente Trauma des ängstlichen Kindes

Nun ist zwar ein ängstliches Kind nicht «krank» im gewöhnlichen Sinne, aber man kann schon sagen, dass es sich in gewisser Hinsicht so fühlt. Es steht immer unter dem Eindruck, Trost und Fürsorge zu brauchen. Die unruhig-nervösen Kinder stehen nicht primär unter diesem Eindruck. Ihr Problem ist vor allem die Unzufriedenheit mit sich selbst. Sie fühlen sich wertlos, internalisieren sozusagen die Außenseiterrolle, in die sie sich ja tatsächlich hineinmanövrieren. Irgendwann geraten sie dann unter den Zwang, alles Negative, was man über sie denkt, durch ihr Verhalten dauernd bestätigen zu müssen. «Da seht ihr's: Ich bin ein Ekel.» Deshalb muss für den Umgang mit diesen Kindern in erster Linie hervorgehoben werden, dass sie unsere aufrichtige Wertschätzung wie ein Lebenselixier brauchen. Bei den ängstlich-zaghaften Kindern hingegen sind wir aufgerufen, besonders aufmerksam hinzuschauen auf dieses Kränklichkeits- beziehungsweise *Gekränktheitsgefühl.* Die Wertschätzung, die wir ihnen entgegenbringen, muss von einer Art sein, in der vor allem das Fürsorgliche, Teilnahmsvolle zum Ausdruck kommt. Anders als die unruhig-nervösen Kinder fühlen sie sich durch unsere beschützende Nähe und durchaus autoritative Einflussnahme in ihrem Persönlichkeitskern nicht bedroht, sondern gestärkt. Es darf natürlich kein liebloses, einschüchterndes Autoritätsgehabe sein, sonst verschlimmert sich alles. Aber eine gehörige Portion von den erwähnten «Krankenschwesterfähigkeiten» in Verbindung mit Elternliebe ist das Beste, was diesen Kindern widerfahren kann. Dadurch wirken wir nämlich wiederum kräftigend auf das Hüllen- und Formgefühl. «Sanfte Bestimmtheit» brauchen die ängstlichen Kinder. Das gilt nicht nur für den Körperkontakt, sondern überhaupt für den alltäglichen Umgang mit ihnen. Wer hingegen ein typisches Unruhekind zu Hause hat, weiß, dass hier der «Kipp-Punkt», wo Fürsorglichkeit in überbehütendes Verhalten umschlägt, also für das Kind zur Bedrängnis wird, viel schneller erreicht ist. Was dem Angstkind Geborgenheit vermittelt, empfindet das Unruhekind vielleicht schon als Eingesperrtsein. Deshalb benötigt es ja unsere tolerante Großzügigkeit so dringend: ein Gehaltensein, das viel Bewegungsspielraum lässt – mehr Bewegungsspielraum, als das Angstkind in der Regel überhaupt will. Sagen wir es so: Ängstliche Kinder neigen dazu, unsere Toleranz, wenn wir diese gar zu sehr hervorkehren, in dem Sinne misszuverstehen, dass sie sich im Stich gelassen fühlen. Sie empfinden es als höchsten Ausdruck unserer Wertschätzung, wenn wir sie beschützen. Unruhige Kinder hingegen neigen dazu, unsere Fürsorglichkeit, wenn wir diese über Gebühr betonen, in dem Sinne misszuverstehen, dass sie sich nicht genügend anerkannt fühlen. Sie empfinden es als höchsten Ausdruck unserer Wertschätzung, wenn wir ihnen zu verstehen geben, dass wir sie «trotz allem» respektieren. Das latente Trauma des Angstkindes ist das Im-Stich-gelassen-Werden. Das latente Trauma des hyperaktiven Kindes ist das Unerwünschtsein. Daran können wir uns orientieren.

Sie sehen: Es macht durchaus Sinn, diese feinen Differenzierungen vorzunehmen und unsere Grundhaltung den Kindern gegenüber daraufhin zu prüfen. Ich wehre mich gegen die Unart, «Kinderliebe» als einen konturlosen Einheitsbrei aufzufassen. Man sollte wissen, worauf es im Einzelfall, aus der besonderen Problematik des jeweiligen Kindes heraus, ankommt. Wie ich eingangs schon sagte, ist es durchaus möglich, mit den entsprechenden Einsichten so umzugehen, dass sich allmählich eine Art Einstellungswandel vollzieht und eine gewisse «Geschicklichkeit» im Umgang mit dem Kind gewonnen wird. Wenn Sie einmal verstanden haben, dass Ihr kleiner Angsthase unter einem ständigen Gefühl des Ausgeliefertseins und der Schutzlosigkeit leidet, welches sich zu Berührungs- und Kontaktängsten ausweiten könnte, und dass sein latentes Trauma darin besteht, sich im Stich gelassen zu fühlen, und deshalb die «sanfte Bestimmtheit» einer fürsorglichen, Schutz und Sicherheit bietenden Schicksalsbegleitung Ihr Auftrag ist; wenn Sie dies außerdem vor dem Hintergrund der Tastsinnproblematik, wie wir sie erörtert haben, verstehen lernen und also wissen: bei diesem Kind ist, aus welchen Gründen auch immer, das tastsinnvermittelte Hüllengefühl ungenügend ausgeprägt, es nimmt zu wenig mit hinein in den Tag von den Tröstungen des formend-konfigurierenden Engelwirkens, die ihm im Schlaf zuteil werden, die Erinnerung an dieses Geschehen erlischt jedes Mal im Ansturm der Sinneseindrücke – wenn Sie dies alles nicht nur ernst nehmen, sondern zum Inhalt einer allabendlichen kleinen Andachtsübung machen, dann werden Sie schon sehen, wie Sie allmählich immer mehr in die Lage kommen, zum richtigen Zeitpunkt den richtigen Einfall zu haben, einfach geistesgegenwärtiger und flexibler zu sein im Erziehungsalltag. Das erwähnte «Fingerspitzengefühl» wird sich einstellen. Sie erinnern sich ja an das Sinnbild vom Brückenwächter, der ein paar Forderungen stellt, bevor er Ihnen erlaubt, den Engel des Kindes zu befragen: Eine deutliche Vorstellung vom äußeren Erscheinungs- und Verhaltensbild des Kindes müssen Sie mitbringen, welches sich nur auf dem Wege der regelmäßigen, aufmerksamen Beobachtung gewinnen lässt, wobei alle vorgefassten Urteile und Bewertungen schweigen müssen, weil es nicht um Ihre Urteile und Bewertungen geht, sondern um das Kind. Das Zweite, was Ihnen abverlangt wird, ist das echte Bemühen um eine klar durchdachte Fragestellung, das uneigennützige Erkenntnisbemühen. Und ich habe ja am Beispiel des aufgeregt im Käfig herumflatternden Vögelchens erläutert, wie sich aus solchem Erkenntnisbemühen auch imaginative Wahrnehmungen ergeben können, aus denen sich ganz praktische Ideen entwickeln lassen.

Leibes- und Sozialsinne – von erworbenen Ängsten

Die auf dem Lebenssinn beruhende Toleranz ist eine Voraussetzung, um den Nebenmenschen, das Du, verstehend zu würdigen. Hinzukommen muss die tastsinnvermittelte Fähigkeit, Nähe herzustellen und auszuhalten aus einem sicheren «Hüllengefühl» heraus. Darin gründet der Impuls der fürsorglichen Zuwendung, und Sie appellieren an die nachahmungsbereite Affinität des Kindes zu einer solchen Haltung, die es aus den nächtlichen Begegnungen mit dem Engel mitbringt, wenn Sie ihm eben solche Fürsorglichkeit vorleben. Nicht nur wie Sie mit dem Kind selbst umgehen, ist dabei entscheidend, also nicht nur die «sanfte Bestimmtheit», mit der Sie es körperlich umsorgen und ihm auch sonst, im täglichen Miteinander, begegnen, sondern überhaupt Ihre Einstellung zur Welt, wie sie in tausend kleinen Verrichtungen des Alltags zum Ausdruck kommt und vom Kind fein innerlich nachahmend aufgenommen wird. Gehen Sie fürsorglich und behutsam mit den Dingen Ihrer Umgebung um, wenn Sie ein Angstkind zu Hause haben; versuchen Sie, genügend Bewusstsein dafür aufzubringen, dass es diesem Kind Sicherheit gibt, mitzuverfolgen, wie Sie sich rücksichtsvoll verhalten selbst den «toten» Dingen gegenüber, die ja, wie Sie wissen, für ein kleines Kind nicht tot sind! Aller grobe, nachlässige, lieblose Umgang mit Dingen, Pflanzen, Tieren und Menschen sollte in der Umgebung eines ängstlichen Kindes vermieden werden!

Ich weiß, es ist beinahe unzumutbar, so etwas auszusprechen, und während ich es sage, bin ich mir meiner eigenen diesbezüglichen Unzulänglichkeit vollkommen bewusst. Aber es ist ja schon viel, wenn wir uns Mühe geben. In mancher Hinsicht sind Kinder weisere Wesen als wir. Sie nehmen das aufrichtige Bemühen sehr deutlich wahr, während wir Erwachsenen immer nur auf das Ergebnis starren. – Toleranz und Fürsorglichkeit also, Geduld und Anteilnahme, Andacht zum Kleinen und warmherziges Interesse – das sind die Tugenden, für deren Ausbildung wir günstige Voraussetzungen schaffen, wenn wir genügend Aufmerksamkeit auf die Pflege des Lebens-Tastsinn-Komplexes richten und uns dabei in unserem eigenen Verhalten eben auf diese Tugenden besinnen. Ich spreche jetzt vom «Lebens-Tastsinn-Komplex», weil beides zusammen in der Lebensrealität eine Einheit bildet. Dennoch ist es, wie wir gesehen haben, ergiebig, unter entwicklungspsychologischen Gesichtspunkten zu differenzieren, bei welcher sogenannten Verhaltensstörung oder Wesenseinseitigkeit welches Teilgebiet des basalen Sinnesfeldes besonders in Betracht kommt. Am Rande sei erwähnt, dass die basale Sinnespflege auch deshalb so wichtig ist, weil durch sie gewissermaßen das rechte Milieu gebildet wird, in welchem die höheren Sinne des Verstehens heranreifen können, die auch «Sozialsinne» genannt werden: der Ichsinn, durch den wir ein Evidenzerlebnis in Bezug auf den innersten, individuellen Wesenskern des Mitmenschen haben; der Gedanken- und Sprachsinn, durch die wir uns verstehend einleben können in die Denkungsart und Sprechweise eines anderen; und schließlich der Hörsinn, der die Grundlage bildet für alle höheren Fähigkeiten des «lauschenden» Eintauchens in das Geistig-Wesenhafte, das im Umkreis lebt und aus dem Menschen spricht, den Hintergrund also auch für die vorgenannten Funktionen des Sprach-, Gedanken- und Ichsinnes, die wir als «sublimierte Hörvorgänge» zu bezeichnen berechtigt sind.

Ich will hier nur andeuten, dass es diese «Sinne des Begreifens», wie sie Rudolf Steiner einmal nennt, gibt und dass sie eng verflochten sind mit den selbstwahrnehmenden Grundfunktionen der Leibessinne, insofern durch letztere vorbereitet wird, was in jenen zur Reife gelangt. Die Sozialsinne sind «expansiv». Sie ermöglichen erst die aktive Identifikation mit einem fremden Wesen. Die Leibessinne hingegen sind «defensiv». Durch sie erleben wir *uns selbst* in unserem Verhältnis zur Außenwelt. Dazwischen weben die eigentlichen Korrespondenzsinne des Riechens, Schmeckens, Sehens und Wärmeempfindens.

Fragen wir uns nun, bevor wir noch weiterschreiten zum Bewegungs-Gleichgewichtssinn-Komplex, wie so ein ängstlich-zaghaftes Kind, bei dem sich das Form- und Hüllengefühl nicht richtig einstellen will, vor uns hintritt. Was sind das für Kinder, deren Wesenseigentümlichkeit darin besteht, dass die tastsinnvermittelte Grundsicherheit ungenügend entwickelt ist? Natürlich kann *jedes* Kind durch missliche Umstände in eine Lage geraten, in der diese Grundsicherheit zusammenbricht oder gewissermaßen «baufällig» wird. Schockerlebnisse, grobe Vernachlässigung oder ständige massive Reizüberflutung können zum Beispiel ein «Angst-Tastsinn-Syndrom» hervorrufen, also eine Unschärfe des Körperbildes mit den schon erwähnten seelischen Begleiterscheinungen, die wir als Gefühle des Ausgeliefertseins und der Schutzlosigkeit in Verbindung mit Berührungsängsten charakterisiert haben, wobei ich den Begriff «Berührungsangst» so weit wie möglich fassen will. Auch kontaktscheues, nicht altersgemäß «fremdelndes» Verhalten gehört dazu. Oder das Zurückzucken vor zupackenden manuellen Tätigkeiten. Oder die übertriebene Besorgnis, sich schmutzig zu machen. Also der Zustand des Sich-ausgeliefert-Fühlens mit allen möglichen daraus resultierenden Symptomen kann, ganz unabhängig davon, wie ein Kind im Allgemeinen geartet ist, durch entsprechende negative Einwirkungen plötzlich hervorgerufen werden, aber auch allmählich sich entwickeln, das ist klar. Auch wenn kleine Kinder einer jahrelangen Medienberieselung ausgesetzt werden, immer nur mechanisches und Plastik-Spielzeug in die Finger bekommen und selten erleben, dass jemand darum besorgt ist, ihnen durch den entsprechenden liebevollen Körperkontakt Geborgenheit zu vermitteln, steht kaum zu erwarten, dass sie ein ausgeprägtes, autonomes Form- und Hüllengefühl ausbilden werden, ganz zu schweigen von jenem «Durchdrungensein mit der allgemeinen Weltsubstanzialität ... mit dem Sein als solchem», das von Plastikbauklötzen, ferngesteuerten Autos, Zeichentrickfilmen und Gameboy-Computerspielen wohl kaum zu erwarten ist.

Das darf nicht verschwiegen werden: Man kann Kinder, die eigentlich gar nicht dem ängstlich-zaghaften Typ zuzurechnen sind, in eine solche Verfassung hineintreiben. Dazu braucht man nur alles dasjenige mitzumachen, was heutzutage in der schönen bunten Kinderwelt so gang und gäbe ist, und außerdem sich das Kind möglichst vom Leibe halten – dann sind die Aussichten bestens, dass eine deftige Lebensangst entsteht und spätestens im Jugendalter das quälende Gefühl auftritt, sich nicht richtig zu spüren, irgendwie gar nicht da zu sein, alles wie durch eine Milchglasscheibe zu erleben und so weiter. Das ist das eine. Auf der anderen Seite gibt es aber, wie gesagt, die ängstlich-zaghafte Grundverfassung als Typus, und weil es ja eine Art Typenlehre ist, um die es uns bei diesen Vorträgen geht, wollen wir darauf unser Augenmerk richten. Wir haben die *auf Körperangst beruhende Verhaltensstörung des nervös-aggressiven Typs* kennengelernt und gesehen, dass das Entstehungsmoment für diese Störung zwar in den ersten Lebensmonaten und -jahren liegt, aber durchaus kein grobes erzieherisches Fehlverhalten dahinterzustecken braucht. Die Kinder bringen vielfach eine entsprechende Neigung mit, die man zu spät erkennt oder der man nichts entgegenzusetzen weiß, weil einem niemand die menschenkundlichen Zusammenhänge erklärt hat. So bleibt dann bei den sogenannten hyperaktiven Kindern die notwendige Frühförderungsberatung meistens aus, sodass die Dinge ihren Lauf nehmen. Damit man den Dingen nicht ihren Lauf lassen muss, kann ich nur immer wieder sagen: Es ist nie zu spät, den Kindern Beistand zu leisten.

Das ängstlich-zaghafte Kind: Beobachtungen

Wie schon bei unserer Betrachtung des Lebenssinnes bin ich auch jetzt der Meinung, Sie wären nach allem, was wir über den Tastsinn doch recht ausführlich besprochen haben, inzwischen alle in der Lage, eine Orientierungsschwäche in diesem Bereich zu diagnostizieren. Sicher, es ist der «wunde Punkt» jeder Typologie, dass die Phänomene selten ganz rein auftreten. Es gibt viele Mischformen und Übergänge, man kann da keine scharfen Grenzen ziehen. Aber es ist doch möglich, die Wesens- und Verhaltensart des tastsinngestörten Kindes so zu umreißen, dass diejenigen unter Ihnen, die ein solches Kind haben, sich schon angesprochen fühlen werden, obwohl die Beschreibung vielleicht nicht in allen Punkten zutrifft. Und wenn Sie nach den Gründen fragen, muss ich wiederum sagen: Da ist einerseits die Veranlagung, gerade so, wie es auch Temperamentsveranlagungen gibt, und diese Veranlagung trifft nun auf eine ganze Reihe von zivilisatorischen Einflüssen, durch die sie zusätzlich verstärkt wird. Das Kind mit Gegengewichten gegen diese Einflüsse auszustatten ist unsere erzieherische Aufgabe. Und so haben wir eben *die auf Weltangst beruhende Verhaltensstörung des zaghaft-ängstlichen Typs* vor uns als eine Wesenseigentümlichkeit, die unter den heutigen Lebensbedingungen besonders leicht ins Pathologische abirrt und menschenkundlich genauer beschrieben werden kann als eine Mangelerscheinung im Bereich des Körpervertrauens, namentlich der tastsinnvermittelten Grundsicherheit. Diese ist notwendig, damit sich das Kind später auf der seelischen Ebene als autonomes, geschlossenes Persönlichkeitswesen erleben und aus diesem «Form- und Hüllengefühl» heraus mit anteilnehmendem Interesse auf die Welt und die Mitmenschen zugehen kann. Darauf beruht die Grundeinstellung, die wir als fürsorgliches Weltverhältnis charakterisiert haben.

Wie verhält sich nun ein Kind, dem die genannte Grundsicherheit fehlt? Nun, da soll so ein kleines Mädchen – es sind besonders häufig Mädchen, während die nervös-aggressiven Störungen hauptsächlich bei Knaben auftreten – abends zu Bett gebracht werden. Es zögert den Zeitpunkt so lange wie möglich hinaus, macht sich über alle Maßen gründlich und langsam im Bad fertig und erzählt und erzählt und erzählt. Selbstredend soll immer jemand dabei sein im Bad, am besten die Mutter. Auch an diesem Abend geht der Redeschwall des kleinen Mädchens, je näher die Gutenachtzeit rückt, allmählich in die übliche Fragelitanei über: «Bist du heute Abend da? Ist der Papa auch da? Was macht ihr nachher? Und was machen wir morgen? Schließt ihr noch die Haustür ab, bevor ihr schlafen geht? Wann geht ihr schlafen? Macht ihr die Lichter aus und den Kühlschrank zu? Geht ihr vielleicht noch ganz kurz spazieren? Aber vergesst wirklich nicht die Lichter! Schaut ihr noch mal nach mir, bevor ihr ins Bett geht? Und wenn ich nicht schlafen kann? Darf ich kommen, wenn ich Bauchweh habe? Ich bin gar nicht müde. Wann weckt ihr mich morgen? Und wenn ich vor euch aufwache? Falls ich Bauchweh kriege, darf ich auch kommen, wenn ihr schon schlaft, ja? Ich muss vielleicht noch mal aufs Klo. Lasst ihr die Kinderzimmertür einen Spalt offen? Und eure Schlafzimmertür auch? Vergesst nicht, die Lichter auszumachen. Aber das Licht im Flur muss anbleiben. Sitzt ihr nachher noch im Wohnzimmer? Was machen wir morgen?» – So geht es in einem fort. Die Fragerei dient offensichtlich nicht der Information, sondern ist ein hilfloser Versuch des Kindes, sich abzusichern: Wenn alles geordnet, geregelt, besprochen ist, kann ich vielleicht beruhigt einschlafen. – Aber der Versuch misslingt. Sie bringen Ihr kleines Mädchen zu Bett, erzählen eine Geschichte, singen ein Lied, sagen liebevoll gute Nacht. Und jetzt kommt die Hauptvorstellung. Wieder und wieder werden Sie gerufen. Unerschöpflich ist das Reservoir des Kindes an Fragen, die unbedingt noch gestellt werden müssen. Dauernd geht es zur Toilette und nutzt die Gelegenheit, einen verstohlenen Blick durch die halb offene Wohnzimmertür zu werfen, um sich zu vergewissern. Wessen zu vergewissern? Das Kind weiß es selbst nicht. Manche Mütter oder Väter bereiten dem Spuk dadurch ein Ende, dass sie sich zu dem kleinen Angstbündel ins Bett legen, bis es eingeschlafen ist. Das ist zwar ein liebenswürdiges Entgegenkommen, aber auf Dauer leidet der Familienfrieden erheblich darunter. Ich kenne Ehepaare, die über Jahre hin keinen gemeinsamen Abend mehr hatten, weil sich ein Elternteil eben immer neben das Kind ins Bett legt und dort gleich mit einschläft. Geradezu kurios war der Fall eines Vaters, der darüber klagte, dass er seine Frau seit

Monaten nicht mehr im Nachthemd gesehen habe, sondern nur noch in Jeans, sogar im Bett. Der Mann kam in die Eheberatungssprechstunde, und die Sache wurde von dem betreffenden Therapeuten erst nach einiger Zeit uns Heilpädagogen vorgetragen. Es hatte sich nämlich herausgestellt, dass die junge Ehefrau ihre Jeans durchaus nicht als eine Art Keuschheitsgürtel benutzte, sondern sich Abend für Abend in voller Alltagskleidung neben ihre Tochter legte, dort einschlief und irgendwann spät nachts ins gemeinsame Ehebett wankte, viel zu schlaftrunken, um sich noch auszuziehen. Der Mann war natürlich frustriert und verdächtigte Mutter und Tochter, sie hätten eine Art Pakt gegen ihn geschlossen. Die Rettung des Ehefriedens hing also in diesem Fall zu einem nicht unerheblichen Teil davon ab, die Einschlafängste des Kindes zu behandeln.

Solche Einschlafängste, die den Höhepunkt einer allgemeinen Spätnachmittag- und Abendangst bilden, kommen besonders häufig vor bei den Kindern, über die wir jetzt sprechen. Da gilt es, erzieherisch zu beachten, dass diese Kinder – mehr als andere – in den kritischen Stunden etwa ab 16, 17 Uhr nachmittags «ihre Form verlieren» und viel seelische Hülle brauchen. Insbesondere die zweite Hälfte des Nachmittags sollte in sehr geordneten Bahnen verlaufen und zugleich auf eine Geborgenheit vermittelnde, friedvolle Art das Gemüt ansprechen. Sie tun gut daran, vor dem Abendessen ein kleines «Programm» für das Kind und mit ihm zusammen zu gestalten, immer zur selben Zeit. Dieses Programm sollte zwei Teile haben, einen *tätigen* und einen *lauschenden.* Für den tätigen Teil empfiehlt sich zum Beispiel das Plastizieren. Sie regen das Kind an, zwei schöne runde Kugeln zu formen, eine große und eine kleine. Aus der großen kann dann eine «Höhle» mit einem Schlupfloch entstehen, aus der kleinen ein Mäuschen, und das Mäuschen schlüpft in die Höhle. Es kann auch ein Nest mit einem Vogelkind oder ein Haus mit einem Zwerg sein, ich will da nur die Richtung anzeigen.

Dann kommt der lauschende Teil. Sie erzählen ein Märchen und singen oder musizieren ein bisschen. Nehmen Sie das Kind ganz nahe an sich heran, es will Ihre körperliche Nähe spüren! Zum Ausklang kann noch fünf oder zehn Minuten geplaudert werden, über dies und das. Anschließend machen Sie sich an die Vorbereitung des Abendessens. Es ist wunderbar, wenn das Kind bei Ihnen in der Küche am Tisch sitzt und ein Bild malt oder irgendetwas spielt. Und nun versuchen Sie, darauf zu achten, dass Sie nicht klappernd und scheppernd und fluchend herumwerkeln, sondern jene Fürsorglichkeit und Umsicht in den alltäglichen, praktischen Verrichtungen walten zu lassen, die dem Kind über den innerlich nachahmenden Mitvollzug Sicherheit gibt, darüber haben wir ja schon gesprochen. Selbstverständlich können Sie das Kind auch einbeziehen in die Essensvorbereitungen, soweit das vom Alter her möglich ist. Übrigens: Die Ernährung am Abend sollte zwar gesund, aber auch leicht verdaulich sein für die ängstlichen Kinder. Orientieren Sie sich an den Empfehlungen für eine Magen-Darm-Schonkost.

Vorbereitungen für den Schlaf und Tagesbeginn

Nach dem Abendessen können Sie nun zur Vorbereitung auf den Schlaf folgende Hilfestellungen geben: Das Kind sollte zunächst ein gut warmes Fußbad nehmen und dabei wirklich zur Ruhe kommen. Wenn der Rest der Familie im Wohnzimmer versammelt ist, ziehen Sie sich am besten in einen Nebenraum zurück. Vielleicht musizieren Sie wieder ein wenig. Kinderlieder oder Hörspiele vom Kassettenrekorder würde ich weniger empfehlen, denn es geht ja um die Nähe, die fürsorgliche Zuwendung.

Das Fußbad braucht nicht länger als höchstens zehn Minuten zu dauern. Danach frottieren Sie die Füße kräftig ab und ölen sie ein. Und jetzt kommt das «Fußtast-Ratespiel»: Das Kind soll die Augen schließen und mit den Füßen Gegenstände erraten, die Sie ihm hinlegen, zum Beispiel einen Apfel, eine Zitrone, einen Tannenzapfen, ein paar Nüsse, ein Ei, ein Stofftier. Für jeden richtig geratenen Gegenstand gibt es einen Punkt und ab soundsovielen Punkten einen Preis. Man kann das Spiel natürlich auch im Wechsel spielen, das ist sogar besser, weil es mehr Spaß macht. Das Kind soll sich ganz auf die Tasterlebnisse konzentrieren, ganz hinabtauchen mit seinem Bewusstsein in die Füße. Dann stellt sich die erwünschte Wirkung ein. Nach ungefähr zehn Minuten beenden Sie die spielerische Übung und ziehen dem Kind vorgewärmte Strümpfe und feste Schuhe an. Nun folgt Teil drei: die Balance-Sprung-Übung. Das Kind soll einen Gegenstand, zum Beispiel einen Kupferstab oder ein Buch, auf dem Kopf durch den Raum balancieren, anschließend auf den Tisch klettern und mit aller Kraft herunterspringen, dreimal hintereinander, allein oder an Ihrer Hand; dann wieder balancieren und springen. Und das Ganze noch einmal. Die Übung endet mit drei Sprüngen. So, jetzt können die Vorbereitungen fürs Zubettgehen beginnen, kurz und bündig. Erlauben Sie nicht das In-die-Länge-Ziehen, sondern dirigieren Sie die Sache mit «sanfter Bestimmtheit». Wenn Sie nun dem Kind noch einen warmen Leibwickel mit Kamille oder Schafgarbe machen, den Sie ihm während der Gutenachtgeschichte anlegen, und, bitte, das Abendgebet nicht vergessen, dann haben Sie vom Nachmittag bis zum Abend ein heilpädagogisches Programm reinsten Wassers durchgeführt. Das ist ein Beispiel dafür, was wir unter Heilpädagogik verstehen. Auf diese Art können Eltern die Therapeuten ihrer Kinder sein, so wird Liebe etwas ganz Lebenspraktisches. Sie soll sehend machen, die Liebe, nicht blind. Sehend und handlungsfähig.

Die zaghaft-ängstlichen Kinder sind in den Morgenstunden am besten gefügt. Ich habe einmal ein solches Kind, das am nächsten Tag zur Oma in die Ferien fahren sollte, am Vorabend der Abreise gefragt, ob es sich denn schon freue. Da antwortete es mir: «Abends ist immer alles ganz anders als morgens. Morgen früh freue ich mich bestimmt wieder.» Was dieses Kind schon ganz gut bei sich kannte, das war die zum Abend hin sich steigernde Angst vor Veränderung. Angstkinder haben, ganz anders als Unruhekinder, die Neigung, in der jeweiligen Situation, in der sie sich befinden, zu verharren. Sie fürchten die Umstellung auf etwas Neues. Die unruhig-nervösen Kinder fürchten ganz im Gegenteil das Verweilenmüssen. Für beide ist die abendliche Tagesrück- und Vorschau sehr hilfreich, aber bei den Unruhekindern sollte man dabei mehr die Rückschau betonen (das In-Zusammenhang-Bleiben mit dem Gewesenen, Vergangenen), während für die Angstkinder der Vorblick wichtiger ist (das Sich-Einstimmen auf das Kommende, Zukünftige). Mit dem unruhigen Kind sollte man also den vergangenen Tag vom Morgen bis zum Abend (etwa ab dem zehnten, elften. Jahr auch in umgekehrter Reihenfolge) durchgehen und die Vorschau kurzhalten. Beim ängstlichen Kind geht man umgekehrt vor: kurze Rückschau, ausführlichere Besprechung des am nächsten Tag Bevorstehenden. Gleich nach dem Aufwachen, noch vor dem gemeinsamen Morgenlied, wiederholt man diesen Vorblick auf den beginnenden Tag. Fünf Minuten genügen, abends und morgens. Dann singt die ganze Familie ein Lied. Nehmen Sie solche Dinge wie das Morgensingen oder das Abendgebet nur bitte wichtig genug, es sind keine Nebensächlichkeiten! Danach ist für die ängstlichen Kinder, wie schon erwähnt, eine Ganzkörpereinreibung empfehlenswert. Das Kind soll liegen (es darf nicht frieren!), und Sie reiben es von Kopf bis Fuß mit einem erfrischend riechenden, gut hautverträglichen Körperöl ein. Damit erreichen Sie, dass das Form- und Hüllengefühl, das der Engel dem Kind in der Nacht vermittelt hat, das aber bei den ängstlichen Kindern im Ansturm der Tagesereignisse zu rasch wieder verblasst, länger bestehen bleibt.

Erziehung und Selbsterziehung: Der «positive Blick»

Nun bin ich ja, liebe Eltern, eigentlich ein bisschen abgewichen von dem Motto, das ich diesen Ausführungen vorangestellt hatte, keine Rezepte zu liefern, sondern Ihnen einige menschenkundliche Zusammenhänge nahezubringen, um Sie zu ermutigen, aus diesen heraus selbst Ideen zu entwickeln. Genau genommen bin ich diesem Motto schon mehrmals etwas untreu geworden, nun gut, Ihnen wird es gelegen kommen, und mir macht es Freude, Sie an den Erfahrungen ein wenig teilhaben zu lassen, die ich im Laufe der Jahre als Kindertherapeut und Erziehungsberater sammeln konnte. Aber wir wollen es nicht zu weit treiben mit den «Angaben». Mein wichtigstes Anliegen ist es schon, Sie dazu anzuregen, dass Sie durch genaue Beobachtung, eigene Erkenntnisanstrengung und eine gewisse meditative Praxis, wie ich sie Ihnen anfangs nahegelegt habe, sich die Fähigkeit erringen, auf intuitivem Wege selbst zu Aufschlüssen darüber kommen, wie Sie Ihrem Kind helfen können.

Was wir uns über den Tastsinn und damit über die Grundproblematik, in der ein ängstlich-zaghaftes Kind steckt, vor Augen geführt haben, ist doch eine ganze Menge Material, und ich denke, wenn Sie diese Seiten nicht einmal, sondern mehrmals lesen, werden Sie bemerken, wie die Bilder, die wir da vor uns hingestellt haben, in Ihnen zu arbeiten beginnen. Und vergessen Sie nicht jene Grundregel des «detailverliebten», vorurteilslosen, nicht auf schnelle Antworten abzielenden Beobachtens. Was fällt Ihnen auf an Ihrem Kind, wenn Sie sich innerlich gleichsam herausheben aus der wechselseitigen Dynamik von Reiz und Reaktion, Erwartung und Enttäuschung etc., die ja keine Freiräume mehr lässt für das Unvorhersehbare, den Neubeginn? Man kommt namentlich mit schwierigen Kindern leicht in die Lage, in allem, was geschieht, nur noch die Bestätigung dessen zu sehen, was man sowieso befürchtet hat. Die Kinder werden durch eine aus Enttäuschung geborene negative Vorverurteilung in der Rolle festgehalten, die man ihnen übelnimmt. Unmerklich verändert sich das Verhalten der Eltern dahingehend, dass im Kind immer genau das hervorgerufen wird, was es sich eigentlich abgewöhnen soll. Das beste Mittel, um diesen Circulus vitiosus zu durchbrechen, ist jene Übung des Beobachtens ohne Vorurteile und Schlussfolgerungen. Einfach *Interesse* für das Kind aufzubringen, darauf kommt es an. Wenn Ihnen das gelingt (und sei es nur jeden Tag für zehn Minuten, auf die Sie sich bei Ihrer kleinen Abendandacht dann zurückbesinnen), können Sie allmählich weiterschreiten und die Übung dahingehend erweitern, dass Sie gleichsam ein «positives Vorurteil» pflegen: Mein Kind hat schöne, liebenswerte, bewunderungswürdige Eigenschaften, und auf diese will ich ganz bewusst achten. Sie üben also das aufmerksam-anteilnehmende Interesse und werden bemerken, wie der wahrhaft interessierte Blick aus sich heraus danach trachtet, in den *liebevollen* Blick umzuschlagen. Das müssen Sie sich zunutze machen, darin liegt eine Chance, die man geistesgegenwärtig ergreifen kann. Wenn Sie sich für das, was da, herangerufen durch die Beobachtungsschulung, sozusagen an die Pforten Ihres Bewusstseins klopft, öffnen und sich regelrecht übend damit befreunden, werden Sie nach und nach ein völlig neues Verhältnis zu Ihrem Sorgenkind gewinnen. Heutzutage ist so viel die Rede vom «positiven Denken». Aber man meint immer den egoistischen Aspekt: Denke positiv über dich selbst. Eine etwas dürftige Grundregel, finde ich. Wovon man kaum spricht, das ist die andere Art von Positivität, die etwas mit Empathie und Güte zu tun hat: der «positive Blick» auf den Mitmenschen. Solche Qualitäten laufen natürlich dem vordergründigen Zeitgeist zuwider. Aber der «hintergründige Zeitgeist», der nicht an jeder Straßenecke steht und von jeder Plakatwand lacht, segnet sie! Unsere Kultur an den Bedürfnissen der Kinder auszurichten, im Umgang mit ihnen Liebekraft und Duldsamkeit zu erwerben, die im sozialen Leben auf allen Ebenen zu einer wirklichen Neuorientierung führen können, das ist die Botschaft dieses «hintergründigen Zeitgeistes».

Das ängstlich-zaghafte Kind: Weitere Beobachtungen

Sie haben also ein solches ängstlich-zaghaftes Kind zu Hause, und immer wieder kocht der Ärger in Ihnen hoch, wenn es wegen jeder Kleinigkeit Theater macht. Du lieber Himmel, das Haarekämmen am Morgen! Aber nicht nur das Haarekämmen: Je näher der Uhrzeiger in den Bereich vorrückt, wo es dann höchste Zeit ist, aus dem Haus zu gehen, sei es in den Kindergarten, sei es in die Schule, desto langsamer werden die Bewegungen des Kindes. Es wirkt, als hätte es statt des Morgentees eine Flasche Baldrian getrunken. Dabei war es doch direkt nach dem Aufstehen recht munter gewesen! Will es die Mutter ärgern? Der Zeiger rückt unerbittlich vorwärts. Plötzlich sind die Schuhe zu eng. Der Pullover kratzt. Also andere Schuhe, anderer Pullover. Sie helfen dem Kind in den Mantel, und weil Sie wegen des Uhrzeigers schon ziemlich nervös sind, kratzen Sie es versehentlich am Hals. Jetzt geht ein Geschrei los, als hätten Sie ihm eine tiefe, schrecklich blutende Fleischwunde zugefügt. So ist das immer, morgens hält es sich sogar noch verhältnismäßig in Grenzen im Vergleich zur zweiten Tageshälfte: diese Hyperempfindlichkeit! Und noch etwas anderes wird im Laufe des Tages immer schlimmer, die Ungeschicklichkeit nämlich. Dauernd fällt dem Kind etwas herunter, ständig stößt es irgendwo an, stolpert über den Teppichrand, stellt den Trinkbecher so hart auf den Tisch, dass der Saft oben herausschwappt, und so weiter. So langsam fängt auch die Fragerei wieder an: Was machen wir nachher? Und danach? Und wieder danach? – Was Ihnen außerdem schon lange mächtig auf den Wecker geht, sind die Ticks: Augenzwinkern, Hüsteln, krampfhaftes Schlucken und dergleichen mehr. Ungefähr synchron mit der nachmittäglichen Zunahme dieser ärgerlichen Angewohnheiten steigert sich die «Ekelei». Alle möglichen völlig unverdächtigen Dinge, Substanzen, Geräusche oder auch nur Worte (von Nahrungsmitteln ganz zu schweigen) sind furchtbar ekelig. Die Konzentrationsfähigkeit lässt etwa ab vier Uhr rapide nach, das Hausaufgabenmachen wird zum Nervenkrieg.

Da haben Sie ihn so ungefähr, liebe Eltern, den Typus des ängstlich-zaghaften Kindes. Die Symptome, die ich Ihnen aufgezählt habe, sprechen allesamt eine beredte Sprache in Hinsicht auf das mangelnde Form- und Hüllengefühl und die ungenügende körperliche Selbstwahrnehmung und die Berührungsängste. Rudolf Steiner hat diesen Zustand als «seelisches Wundsein» bezeichnet. Auch die Schwierigkeit, von einer Situation in die andere zu wechseln, hat damit zu tun. Wer sich in seinem Leib sicher fühlt, nimmt immer ein Stück Heimat mit, tritt für sein subjektives Empfinden niemals ganz ungeschützt «ins Freie», denn der Leib ist die Wohnung, die man nicht zu verlassen braucht, wohin man auch geht. Wenn diese Grundsicherheit fehlt, muss die Situation, in der sich der Mensch gerade befindet, die vertraute oder zumindest auf ihre Ungefährlichkeit hin geprüfte Umgebung, den Leib ersetzen. Daher rühren diese «Schwellenängste» genannten Zustände, die wir in ihrer abendlichen und morgendlichen Version kennengelernt haben, wobei am Abend noch das Problem einer Abschiedsangst erschwerend hinzukommt: Einschlafen heißt Abschiednehmen, die Möglichkeit der dauernden Rückversicherung aufgeben, das Fortbestehen der vertrauten (die Leibeshülle ersetzenden) Welt nicht mehr kontrollieren können. Was ich beim Einschlafen zurücklasse, kann möglicherweise verschwunden und zerstört sein, wenn ich wieder aufwache. Dies fürchten die Angstkinder. Es ist eine ihrer bevorzugten Schreckensfantasien und Albtraumbilder, dass das Haus abbrennt.

Etwas Prinzessinnen- beziehungsweise Prinzenhaftes haben diese Kinder an sich, sind meistens sehr hübsch, zart- und hellhäutig, oft blond. Sie stechen durch ihre Sprachbegabung und Fantasiefülle hervor, während ihnen das abstrakt-logische Denken und exakte Darstellen schwerfällt, wenngleich manche von ihnen diesen Mangel spüren und sich gerade deshalb ausdauernd darin üben. Aber das ist eher selten. Von der gesundheitlichen Seite her leidet das ängstlich-zaghafte Kind häufig unter Atemwegsbeschwerden im Bronchialbereich bis hin zu spastischer Bronchitis und Asthma, Hirnhautreizungen, Hautausschlägen und Blasenbeschwerden. Es hat eine starke Affinität zu allem Feierlichen, Stimmungsvollen und Schönen im althergebrachten Sinne. Mir ist bei diesen Kindern aufgefallen, dass sie so gerne hilfs- und verzichtsbereit wären, sich um die Schwachen kümmern und den Traurigen Trost spenden würden, aber oft nicht dazu fähig sind, weil ihnen die Angst im Wege steht. Das macht ihnen schwer zu schaffen. Aber sehen Sie, liebe Eltern: Da haben wir doch eine ganz eindrucksvolle Versammlung von sehr liebenswerten, kostbaren Fähigkeiten, die in diesen Kindern schlummern und darauf warten, in den Vordergrund treten zu dürfen. Auf dieses noch gehemmte, noch von der Angst in Schach gehaltene Potenzial sollten wir unser inneres Augenmerk richten und ihnen ansonsten durch die Berücksichtigung und praktische Umsetzung alles dessen, was wir über das Phänomen der primären und sekundären Tastsinnstörungen und die daraus resultierenden pädagogischen Konsequenzen besprochen haben, dabei helfen, dieses Potenzial zu verwirklichen. Das hieße: Erziehung im Einvernehmen mit dem Engel.

Zusammenfassung: Vom Umgang mit unruhigen und ängstlichen Kindern

Beobachten Sie Ihr Kind und komponieren Sie das, was Sie sehen, mit dem, was Sie wissen, zu einem Frage-Bild. Nehmen Sie dieses Bild mit in den Schlaf. Versuchen Sie es. «Es war einmal eine Prinzessin, der konnte man anziehen, so viel man wollte, sie fühlte sich trotzdem immer nackt; und wenn ihr ein Brustpanzer angelegt wurde und ein kleines Ästchen dagegenflog, das der Wind abgerissen hatte, fand man abends eine Hautverletzung an dieser Stelle …» Wie würden Sie das Märchen weitererzählen? Sie wissen ja, am Ende eines echten Märchens steht immer die Erlösung.

Unruhige und ängstliche Kinder: Das sind ja die «Problemfälle», die uns heute in Pädagogik und Therapie am meisten Kopfzerbrechen bereiten. Fassen wir noch einmal die Stichworte zusammen, die bei der Erziehung *unruhig-nervöser* Kinder die Richtung anzeigen und schon im Vorschulalter beachtet werden sollten:

- Rhythmus
- Kontinuität
- Wärmung
- Schonende Ernährung
- Behaglichkeit im Leib
- Schlafpflege
- Im-Zusammenhang-Bleiben mit dem Vergangenen
- Geduld und Andacht als Erziehungshaltungen
- Toleranz als vorbildhafte Lebenseinstellung

Daraus kann man nun ganz geradeaus und unkompliziert weitere Schlussfolgerungen ziehen. Wird man denn nicht direkt mit der Nase auf die Bedeutung der Musik gestoßen? Oder auf das Wasser als Urelement des Behagens? Der heilpädagogische Ansatz des «Erübens der Langsamkeit» beziehungsweise der Verlangsamung (zum Beispiel bei Rhythmen) drängt sich geradezu auf. Oder das gemeinsame Erfinden von Fortsetzungsgeschichten mit folgerichtigem Handlungsverlauf («In-Zusammenhang-Bleiben mit dem Vergangenen», Kontinuität). Und so weiter. Prägen Sie sich die genannten Signalbegriffe ein, alles andere muss sich dann im konkreten Fall aus dem Umgang mit dem jeweiligen Kind ergeben. Das ist im therapeutischen Beruf nicht anders. Wenn man die ungefähre Richtung hat, zeigt einem das Kind den genauen Weg. Man muss nur aufmerksam sein und die Botschaften des Kindes entschlüsseln lernen.

Natürlich will ich Sie nicht davon abhalten, den Rat eines Experten einzuholen. Aber Sie können ja dem Erziehungsberater Ihre eigenen Ideen vortragen, und wenn der betreffende Mensch keinen falschen Ehrgeiz mit sich herumschleppt, wird er froh sein, dass Ihnen vieles von dem, was er Ihnen sagen wollte, schon selber klargeworden ist. So wünsche ich mir jedenfalls die Zusammenarbeit mit den Eltern: dass sie selbst ideenbildnerisch aktiv werden auf der Grundlage gemeinsam errungener menschenkundlicher Einsichten. Erziehung ist bis zu einem gewissen Grad eine Wissenschaft und auch ein Handwerk. Man braucht also ein Grundwissen und praktische Fertigkeiten. Beides ist erlernbar und übertragbar. Aber in erster Linie ist Erziehung eine Kunst. Und nun stellen Sie sich einmal vor, was das für ein Maler, Komponist oder Dichter wäre, neben dem immer der Lehrer stehen müsste, um ihm zu sagen, was er als Nächstes zu tun habe. Der eigentliche künstlerische Prozess kann sich nur in Freiheit vollziehen, mit allen Glücks- und Verzweiflungsmomenten, die dazugehören. Das gilt auch für die Erziehungskunst.

Welches sind bei der Erziehung *ängstlich-zaghafter* Kinder die richtungsweisenden Stichworte? Ich fasse zusammen:

- Nähe
- Abschirmung
- Hautpflege
- Hautfreundliche (natürliche) Bekleidung
- Förderung des Tasterlebens
- Achtsamkeit auf die Qualität der Tastobjekte
- «Einhüllende» Gestaltung der Abendstunden
- Vorbereitende Einstimmung auf das Zukünftige
- Formbewusste Sanftheit als Erziehungshaltung
- Fürsorglichkeit als vorbildhafte Einstellung

Liegt es da nicht auf der Hand, den Umgang mit Erdgut und Stein zu empfehlen, das Plastizieren, später die Bildhauerei? Den pfleglichen Umgang mit Pflanzen, die Gärtnerei, als Erfahrungsfeld anzubieten? Geeignete Märchen als Heilmittel auszusuchen, die Kinder selbst Märchen erfinden zu lassen? Ich will es dabei belassen und noch einmal daran erinnern, dass wir das Folgende immer im Auge behalten müssen, wenn wir ein unruhiges oder ängstliches Kind verstehen wollen:

- Es ist das Urtrauma des unruhigen Kindes, unerwünscht zu sein.
- Es ist das Urtrauma des ängstlichen Kindes, im Stich gelassen zu werden.

Wie gesagt, die unruhigen und ängstlichen Kinder bereiten uns das meiste Kopfzerbrechen. Deshalb habe ich diese auch in den Mittelpunkt unserer Betrachtungen gestellt und mit entsprechender Ausführlichkeit über den Lebens- und Tastsinn gesprochen. Wobei unser spezieller Blickwinkel ja der ist, uns immer wieder zu fragen: Welche sozial-mitmenschlichen Qualitäten will der Engel des Kindes hineinpflanzen in die Gefäße, die ihm die gesund entwickelten Leibessinne bieten? Für welche Seelengewächse wird da jeweils der Boden bereitet? Oder anders: Welche Seite dessen, was wir die «nachahmungsbereite Hingeneigtheit des Kindes zum Guten» genannt haben, wird von Fall zu Fall gestärkt durch die Pflege dieser Sinne? Das Thema, das sich durch unsere Erörterungen zur Sinneslehre zieht wie ein unterirdischer Strom, der gelegentlich ans Tageslicht tritt, ist die Moralerziehung, aber in einer ganz anderen Betrachtungsart eben, als man es gemeinhin erwartet. So konnten wir uns darüber verständigen, dass mit dem Lebens- oder Vitalsinn, der durch den *ordnend-harmonisierenden* Beistand aus der geistigen Welt gestärkt wird, die spätere Fähigkeit der *Toleranz* eng zusammenhängt und mit dem Tastsinn und der auf ihn gerichteten *formend-konfigurierenden* Wirksamkeit aus der geistigen Welt die *Fürsorglichkeit* als Lebenseinstellung. Wir können das Unsrige dazu beitragen, indem wir die vorhin aufgezählten Erziehungsrichtlinien berücksichtigen.

4. Auf den Spuren des Bewegungs- und Gleichgewichtssinnes

Vorbemerkungen

Der Kreis der vier leibgerichtet-selbstwahrnehmenden Sinne schließt sich, wenn wir nun einen Blick auf den *Komplex des Bewegungs-Gleichgewichtssinns* richten und uns wiederum fragen, für welche späteren Seelenfähigkeiten dadurch eine Grundlage geschaffen wird, dass wir durch unsere erzieherische Achtsamkeit auf diesen Bereich den Inkarnationsprozess unterstützen. Unter Inkarnations- beziehungsweise Verkörperungsprozess verstehen wir die einzelnen Aspekte des In-Verbindung-Tretens des Seelisch-Geistigen mit dem Physisch-Leiblichen, und ein wesentlicher Teil dieses Geschehens besteht eben darin, dass sich das Kind eine deutliche Wahrnehmungsfähigkeit für die eigenen Leibeszustände im Verhältnis zur Umwelt erwirbt. Es sind, genau genommen, Wahrnehmungen, die sich darauf beziehen, in welcher Art die Seele mit dem Leib und den Leibesvorgängen in Beziehung steht, wobei die Verbindung zur Außenwelt immer die Dynamik dieser Beziehung mitbestimmt. Das haben wir ja am Beispiel des Tastsinnes sehr schön sehen können. Da wird die Haut als eine begrenzende und zugleich vermittelnde Zone erlebt, es gibt also den abschirmenden und den sensitiven Aspekt, das Form- und Hüllengefühl, und auf der anderen Seite das, was ich «Resonanz» und «Evidenz» nannte: dieses tief innerliche Angerührtwerden von der Welt, wodurch wir uns erst als Teil einer lebendigen Wirklichkeit erleben und dazu in der Lage sind, Urteile zu bilden über die Eigenschaften der Dinge. Man hat hier ganz deutlich vor Augen, dass es zunächst die Wahrnehmung des eigenen leiblich-seelischen «Aggregatzustandes» im (unwillkürlichen) Verkehr mit der Außenwelt ist, die sich vermittelst des Tastsinnes als kontinuierliches und variables Grunderlebnis einstellt. Erst in zweiter oder dritter Linie ist dann der Tastsinn auch beteiligt an der aktiven Ich-Welt-Verständigung als Medium zur «Erforschung des Unbekannten», wie Scheurle schreibt, und zur Herstellung von Nähe und Vertrautheit. Primär richtet sich also dieser Sinn auf die Wahrnehmung einer bestimmten, allgemeinen Befindlichkeit beziehungsweise Verfasstheit des Wesensgliedergefüges, die sich im Inkarnationsprozess erst allmählich einstellt und im späteren Leben zwar relativ beständig ist, aber eben nur relativ, das heißt, es wird immer wieder Situationen geben, in denen die tastsinnvermittelte Grundsicherheit bedroht ist. Durch unsere tastsinnpflegenden Maßnahmen und Haltungen in der Kindheit unterstützen wir den Inkarnationsprozess von dieser Seite her und tragen dazu bei, dass die genannte Grundsicherheit im späteren Leben möglichst hohen Anforderungen standhalten kann. Dasselbe gilt auch für die anderen basalen Sinne. Immer geht es darum, eine bestimmte Nuance des Inkarnationsprozesses zu berücksichtigen und durch die entsprechende erzieherische Unterstützung Daseinssicherheit zu vermitteln. Was bedeutet das nun für den Bewegungs- und Gleichgewichtssinn?

«Empfindung des eigenen freien Seelischen»

Rudolf Steiner hat den Bewegungssinn als denjenigen Sinn charakterisiert, durch den wir zunächst sensorisch eingeschaltet sind in das, «was wir in uns selber bewegen, vom Augenzwinkern bis zur Bewegung der Beine». Alles, was sich in unserem Gliedmaßen-Muskel-System abspielt, wenn wir uns bewegen, wird von diesem Sinn unbewusst registriert. «Jede Muskelbewegung», schreibt Karl König in seinem Buch über *Die ersten drei Jahre des Kindes*, «erfordert die Mitbeteiligung der gesamten willkürlichen Muskulatur; das gilt auch für die Motorik der Sprache; sie ist völlig hineingebaut in die Tätigkeit der Gesamtmotorik». Ob wir schreiten, tanzen oder nur den kleinen Finger krümmen: immer muss die gesamte Muskulatur, passiv oder aktiv, hingeordnet werden auf den intendierten Bewegungsablauf. Es sind koordinierende, «kompositorische» Meisterleistungen, die sich da fortwährend aus unserem Unbewussten heraus vollziehen, und vermittelst des Eigenbewegungssinnes sind wir selbstwahrnehmend an diesem Geschehen beteiligt. Man kann von einem *instinktiven* Wahrnehmungsvermögen sprechen, von einem überaus subtilen «Gespür», das, wie gesagt, unterhalb der Bewusstseinsschwelle bleibt. Aber was sich da im Verborgenen abspielt und den Menschen dazu befähigt, seinen physischen Leib als Bewegungsinstrument so in Dienst zu nehmen, dass dieser physische Leib hochempfindlich, in feinster «sensotelomotorischer» Abstimmung (R. Jung, zitiert nach Scheurle) den inneren Bewegungsimpulsen gehorcht oder äußere Bewegungen innerlich mitvollziehend «versteht» und sich auf sie einstellt, das hat eine Auswirkung auf das allgemeine Lebensgefühl.

Rudolf Steiner bezeichnete diese ins Seelenleben gleichsam heraufstrahlende Wirkung der unbewussten Bewegungssinntätigkeit als «Empfindung des eigenen freien Seelischen». Der

Tastsinn vermittelt das Form- und Hüllengefühl und die stetige, unterschwellige Erfahrung des Verbundenseins mit dem Göttlichen, der Lebenssinn das «Urbehagen», und der Bewegungssinn löst eine Empfindung von Freiheit aus. Jetzt kommt zum Gefühl des, wenn ich es so ausdrücken darf, «Geborgenseins in Gottes Hand» und zum behaglichen Gefühl des In-sich-Ruhens das Freiheitsgefühl hinzu, genauer gesagt: das Gefühl der *freien seelischen Beweglichkeit im Leib*. Rudolf Steiner sagte dazu: «Der Bewegungssinn, dasjenige, das da in uns vorgeht, indem wir durch Verkürzung und Verlängerung unserer Muskeln wahrnehmen, ob wir gehen oder stehen, springen oder tanzen, also wodurch wir wahrnehmen, ob und wie wir in Bewegung sind, das gibt, in die Seele hineingestrahlt, jenes Freiheitsgefühl des Menschen, das ihn sich als Seele empfinden lässt. Dass Sie sich als eine freie Seele empfinden, das ist die Ausstrahlung des Bewegungssinnes.»

Vergessen Sie nicht: Es handelt sich hier um Gefühle, die in der Regel nicht voll zu Bewusstsein kommen. Wir werden erst bewusst auf sie aufmerksam, wenn wir sie vermissen. Ein Mensch zum Beispiel, der unter schweren Angstanfällen leidet, nimmt sehr schmerzlich wahr, dass er die tastsinnvermittelte Grundsicherheit verloren hat. Sein Form- und Hüllengefühl bricht im Angstanfall zusammen, das Gefühl der «Geborgenheit in Gottes Hand» entschwindet, er leidet unter Zuständen, in denen ihm alles unwirklich vorkommt. Wer von Unruhe, Nervosität, Konzentrationsmangel und Vergesslichkeit geplagt ist, dem wird wohl auffallen, dass ihm das lebenssinnvermittelte Grundgefühl von Behaglichkeit, Gelassenheit und Kontinuität fehlt, das er in besseren Zeiten wie eine Selbstverständlichkeit hingenommen hat: jenes im positiven Sinne «behäbige» Sich-Fühlen als raumerfüllendes leibliches Selbst, das die Menschen, denen man eine Elefantennatur nachsagt, wohl im Übermaß haben. Solange alles in Ordnung ist, fällt uns nicht auf, welche beständigen unterschwelligen Wahrnehmungen und daran sich knüpfenden Basisgefühle in Bezug auf unser Leib-Seele-Gefüge den sensoriellen Daseinsgrund bilden, ohne den wir dem Leben nicht gewachsen wären. Wir werden gleich sehen, wie es sich auswirkt, wenn jemand nicht genügend durch das bewegungssinnvermittelte Basisgefühl gesichert ist. Betrachten wir es aber zunächst noch etwas genauer von der positiven Seite.

Das «Autonymitätsgefühl»

Dadurch, liebe Eltern, dass wir uns als seelische Wesen einerseits verwurzelt fühlen in der Beständigkeit und Verlässlichkeit unserer leiblichen Existenz (Lebenssinn) und «in Form gehalten» durch unsere physische Gestalt beziehungsweise das gestaltbildende und gestaltbewahrende Kräftegefüge (Tastsinn), aber in diesem Rahmen eben doch eine freie innere Beweglichkeit sich entfalten kann, für die der physische Leib kein Hindernis, sondern ein feines, fügsames Wahrnehmungs- und Ausdrucksinstrument darstellt; dadurch, dass das so ist und wir diesbezüglich eine «traumhafte Sicherheit» empfinden, nehmen wir uns erst wirklich in unserer seelischen Autonymität wahr. Kennen Sie dieses Fremdwort? «Autonym» nennt man ein Werk, das von seinem Verfasser unter eigenem Namen veröffentlicht wird, und in der Logik versteht man darunter eine Bezeichnung, die zugleich als Eigenname von sich selbst gilt. Insofern ist wohl «Ich» die autonyme Chiffre schlechthin, und von seelischer Autonymität kann gesprochen werden, wenn wir das Gefühl von Freiheit und Selbstbestimmung in der Gestaltung unseres Lebens haben. Dem Vitalsinn verdanken wir in Bezug auf unsere Biografie die *Kontinuitätserfahrung*, dem Tastsinn die Fähigkeit, sie als etwas

In-sich-Gefügtes und im Wechselverkehr mit der Welt Gewordenes wie ein *Bild* vor uns hinzustellen, aber dass wir sie *selber gestalten*, wird uns erst dadurch bewusst, dass wir den Bewegungssinn haben. Er vermittelt das «Autonymitätsgefühl». Was diesem Gefühl zugrunde liegt, ist im Status nascendi «das Hereinstrahlen der Ergebnisse» des unbewusst wirkenden Bewegungssinnes «in Ihr Seelisches» (Steiner). Das ist das Urphänomen. Nur wenn Sie sich in Ihren Bewegungen selbst «spüren», können Sie sich frei bewegen. Andererseits würden Sie Ihre Bewegungen nicht in der richtigen Art spüren, wenn Sie Ihnen dauernd außer Kontrolle gerieten. Dann wären Sie in Ihrer Eigenbewegungswahrnehmung hochgradig irritiert.

Nehmen Sie einmal an, es passiert irgendetwas, wodurch Sie veranlasst werden, völlig unkontrolliert herumzufuchteln oder herumzuzappeln. Sie haben sich zum Beispiel aus Versehen in einen Ameisenhaufen gesetzt, und dann springen Sie auf und vollführen einen bühnenreifen Veitstanz. Oder ein paar Wespen kommen genau auf Ihr Gesicht zugeflogen, Sie schlagen wild um sich, schütteln heftig den Kopf, hauen sich vielleicht auf die eigene Nase. Hat man in solchen Situationen ein gutes, sicheres Gespür für die eigenen Bewegungsabläufe? Wohl kaum. Deshalb stellt sich, wenn Sie auf einem Ameisenhaufen gesessen haben, durchaus keine «Empfindung des eigenen freien Seelischen» ein, sondern eher eine Empfindung des Außer-Rand-und-Band-Geratens. Kurz: Die bewegungssinnvermittelte Daseinssicherheit beruht darauf, dass Sie in Bezug auf Ihre Bewegungsabläufe wirklich gut orientiert sind. Dass es eine unbewusste Orientierung ist, heißt ja nicht, sie sei unzuverlässig. Im Gegenteil, die unbewussten Orientierungen sind die zuverlässigsten, vorausgesetzt, sie werden nicht durch missliche Umstände gestört.

Im Bereich des Bewegungssinnes sind Sie am besten orientiert, wenn Sie unterhalb der Bewusstseinsschwelle wahrnehmend eingeschaltet sind in die «Feinabstimmung» Ihrer intentionalen, geformten Bewegungsabläufe. Sie haben dann eine Eigenbewegungsempfindung, die Ihnen Bewegungs*sicherheit* verleiht. Außerdem verleiht sie Ihnen Sicherheit in Bezug auf den inneren Mitvollzug äußerer Bewegungen. «Um Bewegungen wahrzunehmen, müssen wir uns selbst bewegen, sie innerlich mitmachen», stellt Scheurle klar. Der Bewegungssinn nimmt eigentlich nicht die äußere Bewegung wahr, sondern die innerlich «mitgemachte». Wahrnehmung von Bewegungsvorgängen draußen im Raum, das heißt genau genommen: Der Bewegungsmensch nimmt sich selbst beim inneren Mitvollzug des äußeren Bewegungsvorganges wahr. Ich spreche jetzt wohlgemerkt nicht von der Gegenstandswahrnehmung, sondern von der Bewegungswahrnehmung. Wenn Sie den Flug eines Vogels verfolgen, nehmen Sie mithilfe des Sehsinnes den Vogel in den verschiedenen aufeinanderfolgenden Positionen seiner Flugbahn wahr. Aber erst dadurch, dass der Bewegungssinn in den Sehvorgang eingeschaltet ist, «verstehen» Sie, dass der Vogel fliegt, sich mit einer bestimmten Geschwindigkeit von einem Ort zum anderen bewegt. Sie hätten ohne den Bewegungssinn auch keine Auffassungsgabe dafür, dass die verschiedenen, wechselnden Körperhaltungen des Vogels, seine Lageveränderungen im Raum, sinnvoll aufeinander abgestimmt sind, nämlich zusammengenommen den Bewegungsablauf des Fliegens ergeben. Weder *dass* noch *wie* der Vogel fliegt, könnten Sie also «verstehen», wenn Sie das Fliegen nicht innerlich mitmachen und sich selbst bei diesem innerlichen Mitmachen gleichsam belauschen würden. Wir können mit Recht sagen: *Jede* Bewegungswahrnehmung ist, direkt oder indirekt, eine *Eigen*bewegungswahrnehmung. «Das ist das Interessante an der Sache», sagt Rudolf Steiner einmal über die Basalsinne im Allgemeinen, aber mit besonderem Hinblick auf den Bewegungssinn: «Es sind, trotzdem wir das, was wir wahrnehmen, auf entschieden subjektive Weise nach innen hin wahrnehmen, dennoch aber Vorgänge, die ganz objektiv sind.» Oder anders herum: Obwohl es objektive Vorgänge sind, zum Beispiel der Flug des Vogels oder das Wiegen der Baumwipfel im Wind, nehmen wir sie «auf entschieden subjektive Weise nach innen hin wahr».

Der verborgene Kompositeur

Chaotische, hektische, in sich unzusammenhängende, jäh gebrochene, das natürliche Zeitmaß sprengende Bewegungen, ob wir sie selbst vollführen oder ihnen ausgesetzt sind, bedeuten für den Bewegungssinn so etwas Ähnliches wie für den Hörsinn ein heftiger Knall oder ein unangenehmes, schrilles Geräusch. Er ist durch solche Erscheinungen *überfordert*. Die *sinnvolle* Bewegung ist sein Element. Wenn unser «leiblich-seelischer Aggregatzustand im unwillkürlichen Verkehr mit der Außenwelt», um diese Formulierung wieder aufzugreifen, ein solcher ist, dass wir uns als frei bewegliche Wesen sinnvoll eingegliedert fühlen in die Bewegungszusammenhänge der Welt; wenn diese gleichzeitige Erfahrung von Souveränität und Verbundenheit sich einstellt, dann entsteht daraus eine bestimmte seelische Grundierung, die, wie gesagt, im gewöhnlichen Lebensalltag nicht weiter auffällt, aber in diesem gewöhnlichen Lebensalltag sich eben doch unterschwellig geltend macht als eine Art beständig heraufstrahlende (oder nur noch schwach heraufschimmernde) Helligkeit, die nie *ganz* abgedunkelt werden kann von den Nöten, Kümmernissen und Ängsten, mit denen wir uns herumzuschlagen haben.

Ich möchte diese Grundierung das «freiheitsgestimmte Weltverhältnis» nennen. Darin liegt die Zuversicht begründet, auch in ausweglos erscheinender Lage einen neuen biografischen «Bewegungsimpuls» aufrufen, eine Richtungsänderung herbeiführen, die Initiative ergreifen zu können. Wenn jemand eine schwere Niederlage erlitten hat und sich dazu so stellen kann, dass er trotz aller Enttäuschung nicht nur so dahersagt, sondern wirklich *meint*: «Also gut, auf ein Neues!», dann ist er in Bezug auf seine durch den Eigenbewegungssinn vermittelte Grundsicherheit sehr gut ausgestattet. Er hat in hohem Maße das «Autonymitätsgefühl». Die erste Hälfte dieses lapidaren Satzfragmentes («also gut») enthält ein Urteil über die in der Vergangenheit erlittene Niederlage: Es nützt mir nichts, auf das Geschehene, das ich nicht mehr ändern, nicht mehr *bewegen* kann, hinzustarren als auf etwas «Schlechtes», es ist jetzt einfach ein Teil meiner Biografie, den ich anerkennen muss: «Also gut». Im zweiten Teil («auf ein Neues») kommt das Vertrauen in die eigene Handlungsfähigkeit zum Ausdruck, das Sich-als-freie-Seele-Fühlen – mit Blick in die Zukunft. Das durch den Bewegungssinn vermittelte Autonymitätsgefühl hat, anders als das durch den Lebenssinn vermittelte Behaglichkeitsgefühl und das durch den Tastsinn vermittelte Form- und Hüllengefühl, einen deutlichen Zukunftsaspekt.

Aber noch etwas anderes kommt hinzu. Was wir als Grundstufe und Urphänomen der Bewegungssinnentwicklung bezeichnen können, das Sich-Wahrnehmen in der eigenen freien Beweglichkeit, das haben wir ja bisher in Bezug auf die *körperlichen* Eigenbewegungen beziehungsweise den Mitvollzug *gegenständlicher* Fremdbewegungen beschrieben. Nun gilt natürlich auch für den Bewegungssinn, was wir beim Lebens- und Tastsinn gesehen haben: Die entsprechenden Wahrnehmungs- beziehungsweise Empfindungsfähigkeiten durchlaufen Metamorphosen. Wir müssen uns also fragen: Wie treten die durch den Bewegungssinn vermittelten Kompetenzen auf der rein seelischen Ebene auf? Welche Sublimationen gibt es da? Hier zeigt uns der Sprachgenius die Richtung: Wenn man von einem Erlebnis innerlich ergriffen ist, dann spricht man von einem «bewegenden» Erlebnis. Und was wird bei einem bewegenden Erlebnis in Bewegung gesetzt? Dafür kennt die Gebrauchssprache den Ausdruck «Gemütsbewegungen». Auf einer höheren Stufe ist der Eigenbewegungssinn derjenige Sinn, der uns die eigenen Gemütsbewegungen erleben lässt, durch den wir wahrnehmend hingeneigt sind zu unserem Gefühlsleben und den dort sich abspielenden Bewegungsvorgängen im Verkehr mit der Außenwelt, namentlich im Verkehr mit anderen Menschen.

Und auch hier gilt, dass uns die Wahrnehmungsfähigkeit für eigene Gemütsbewegungen beziehungsweise Gefühlsregungen erst in die Lage versetzt, die Gefühlsregungen *anderer* innerlich verstehend mitzuvollziehen. Dass dabei doch wiederum somatische Mitbewegungen stattfinden, insofern unsere vegetativen Prozesse nicht unberührt bleiben von dem, was wir fühlen, will ich nur am Rande erwähnen. Was uns jetzt interessiert, ist das Phänomen der freien Beweglichkeit auf der rein empfindungsmäßigen Ebene. Das «Autonymitätsgefühl» resultiert, von dieser Seite her betrachtet, daraus, dass ich nicht von reflektorischen, flüchtigen, situationsbedingt jäh wechselnden, unbeständigen, zusammenhanglosen Gefühlszuständen völlig *bestimmt* bin, sondern *selbsterlebend* in meiner Gefühlswelt drinnenstehe und aufgrund dieses selbsterlebenden Drinnenstehens dazu in der Lage bin, für Zusammenhang und Beständigkeit zu sorgen. Natürlich gibt es im menschlichen Seelenleben auch das Chaos, die Hektik und Diskontinuität, also Vorgänge, durch die auf dieser Stufe die Eigenbewegungswahrnehmung irritiert ist, wie sie auf der somatischen Stufe durch unkontrolliert einschießende Bewegungen irritiert ist. Aber dadurch stellt sich «die Empfindung des eigenen freien Seelischen» nicht ein. Sie stellt sich ein, insoweit wir uns in unserem eigenen Gefühlsleben *orientieren* können, selbstempfindend und mitempfindend, die Übergänge sind fließend. Man sollte den mitempfindenden Aspekt durchaus hervorheben.

Wer von der menschlichen Psyche auch nur annähernd etwas versteht, weiß, welche Freiheitsbeeinträchtigung es bedeutet, wenn jemand unter einer Art Seelenblindheit leidet für die Gemütsbewegungen seiner Mitmenschen. Das «freiheitsgestimmte Weltverhältnis» beruht, wie wir gesehen haben, auf dem Synchronismus von Souveränität (Unabhängigkeit, Eigenständigkeit) und Verbundenheit. Das gilt auch (und in besonderem Maße) für die zwischenmenschlichen Beziehungen. Manchmal wird auf seelenkundlichen Seminaren betont, wir seien nicht dazu imstande, unser Gefühlsleben bewusst zu steuern. Im Bereich des Denkens sei das viel besser möglich. Das ist sicherlich richtig. Man macht sich zwar einige Illusionen in Bezug auf die gedankliche Selbststeuerung, aber immerhin, bis zu einem gewissen Grad können wir uns da disziplinieren, indem wir zum Beispiel eine logische Operation durchführen und zu diesem Zweck möglichst wenig assoziative Verzweigungen zulassen. Eine solche Art von Steuerung ist dem Gefühlsleben ganz fremd; man würde es damit abtöten, es sträubt sich gewissermaßen aus seiner Veranlagung heraus dagegen, in starre Formen gezwängt zu werden.

Deshalb kommt hier etwas anderes in Betracht, wenn wir von Unabhängigkeit und Eigenständigkeit sprechen: nicht Steuerung nach dem Vorbild der Gedankenführung, sondern «Feinabstimmung». Nach welchem Vorbild? Nun, eigentlich nach dem Vorbild der Muskulatur. Das hört sich vielleicht merkwürdig an, aber bedenken Sie: Jede Körperbewegung, die Sie ausführen, erfordert die Mitbeteiligung der gesamten willkürlichen Muskulatur. Dadurch bewegen Sie sich immer als *ganzer Mensch*. Es bewegt sich in Wirklichkeit niemals nur ein Teil von Ihnen, sondern *Sie* bewegen sich, indem Sie Ihr ganzes Gliedmaßen-Muskel-System auf die eine jeweils auszuführende Bewegung hinordnen, fein nuancierend zwischen Spannung und Lösung, Kürzung und Dehnung. Sie «wissen» instinktiv, welche Muskelpartien sich wie mitbewegen müssen, wenn Sie zum Beispiel den Arm ausstrecken; und mehr noch: Jeder Bewegungsimpuls ruft sofort den komplementären Bewegungsimpuls auf den Plan. Beim Ausstrecken des Armes macht sich sofort ein «Energiestrom» (Rudolf Steiner spricht von «astralischen Strömen») geltend, der die Bewegung gleichsam revidieren, zurücknehmen will. Dadurch schießt Ihnen die offensive Bewegung nicht übers Ziel hinaus. «Immer wenn in einer physischen Lage eine Veränderung geschieht, so bewegt sich im Organismus in entgegengesetzter Richtung ein astralischer Strom. So ist es beim Augenzwinkern, so ist es beim Bewegen der Beine. In diesem innerlich erlebten Vorgang eines Ausgleichs … offenbart sich der Eigenbewegungssinn» (Steiner). Da haben Sie das Vorbild: die gesamtmuskuläre Involviertheit, die komplementären Ausgleichsimpulse. Eine ähnliche Feinabstimmung findet auch im Bereich der Gemütsbewegungen und Gefühlsregungen als etwas «innerlich Erlebtes» statt. Sie sind an jeder Gefühlsregung als ganzer Mensch beteiligt. In feinster Art nehmen Sie jede emotionale «Lageveränderung» wahr und reagieren instinktiv so darauf, dass der seelische Gesamtzusammenhang erhalten bleibt, also dass Sie nicht fortgerissen werden zum Beispiel von Ihren Sympathiegefühlen oder nicht überwältigt werden von Ihrer Traurigkeit. Wie ein bewegtes Bild ist Ihr Gefühlsleben, eine im Verhältnis zur Umgebung ständig sich wandelnde Komposition aus Farben und Formen, in der von Situation zu Situation mehr das Rot oder das Blau, das Runde oder das Eckige, das Flächige oder das Lineare dominiert, aber so, dass dabei immer ein verborgener Künstler mit feinem Gespür für bildnerische Prozesse mitwirkt und darauf achtet, dass das Bild nicht auseinanderfällt, sondern insgesamt eine sich selbst tragende Komposition bleibt. Der verborgene Künstler sind Sie selbst, das feine Gespür ist die seelische Eigenbewegungswahrnehmung. Hier spielen die komplementären Ausgleichsimpulse wiederum eine ganz entscheidende Rolle.

Von der seelischen Feinabstimmung

Man kann in Abwandlung des Zitates von Rudolf Steiner sagen: «Immer wenn in einer Gefühlslage eine Veränderung geschieht, so tritt am Gegenpol ein komplementärer astralischer Bewegungsimpuls auf. In diesem innerlich erlebten Vorgang offenbart sich die sublimierte Eigenbewegungssinntätigkeit.» Wenn Sie sich, liebe Eltern, über irgendetwas freuen oder ärgern und es würde nicht auf der anderen Seite sogleich die seelische «Komplementärfarbe» auftreten, also gegenüber der Freude eine kaum merkliche elegische Stimmung oder gegenüber dem Ärger ein Hauch von Zufriedenheit; wenn Sie nicht bei jeder starken Gefühlsregung instinktiv die gegenteilige Regung aktivieren würden, dann wären Sie Ihren Stimmungen hilflos ausgeliefert. So etwas kommt ja vor, jeder von uns kennt es. Manchmal ergreift uns eine emotionale Aufwallung zu heftig, zu plötzlich, sodass wir in unserer seelischen Eigenbewegungswahrnehmung überfordert sind. Der verborgene Künstler kann nicht schnell genug reagieren. Der Volksmund spricht von «blinder» Wut, und das ist natürlich im übertragenen Sinne zu verstehen. Nicht die Augen erblinden, sondern die seelische Selbstwahrnehmung erblindet. Man sagt nachher: «Ich weiß gar nicht mehr, was ich getan habe.» Juristisch ausgedrückt ist das die sogenannte verminderte Zurechnungsfähigkeit. Nicht nur Wut, sondern auch Freude, Trauer, Angst, Lust oder Widerwille können ein Maß erreichen, das uns «blind» macht. Da fällt die innerseelische Feinabstimmung aus, das kompositionelle Gespür geht verloren, die komplementären Ausgleichsbewegungen sind wirkungslos. Als Erwachsene haben wir, wenn uns so etwas passiert, im Nachhinein eigentlich das Gefühl, krank gewesen zu sein, und das hat seine Richtigkeit, denn es ist eine pathologische Situation, wenn man plötzlich die Orientierung verliert, sei es in der Außenwelt, sei es im eigenen Inneren.

Nun glauben Sie bitte ja nicht, ich wollte hier für ein falsches «Ausgewogenheits»-Ideal plädieren, wie es von Leuten vertreten wird, die starke Gefühle für etwas Unschickliches halten. Diese Leute leiden in Wahrheit unter einem Schuldkomplex, unter dem wir alle ein wenig leiden, der sich aber bei manchen bedenklich zuspitzt. Es handelt sich nämlich darum, dass die Ausgewogenheitsfanatiker von der Furcht umgetrieben sind, sie könnten für besonders heftiges Glücklichsein mit ebenso heftigem Unglücklichsein bestraft werden. Also sind sie lieber nie so richtig glücklich. Das ist ein bedauernswerter Zustand, der mit einem grundlegenden Missverständnis in Bezug auf das Prinzip der ausgleichenden Gerechtigkeit zusammenhängt. Wie gesagt, ich kenne niemanden, der nicht gelegentlich ein wenig mit diesem eigenartigen, tief im kollektiven Unbewussten verwurzelten Schuldgefühl zu kämpfen hätte. Bis zu einem gewissen Grad ist das ja auch sinnvoll, weil es vor Eitelkeit und hedonistischer Aufgeblasenheit schützt. Ich denke, es steckt durchaus ein wahrer Kern darin. Man kann zum Beispiel empfinden, dass es eine Art «Sünde» ist, sich als Einzelner aus der gesamtmenschheitlichen Schuldverstrickung davonstehlen zu wollen, als ginge einen das gar nichts an. Aber diejenigen, bei denen die Sache in ein falsches, abergläubisches Fahrwasser gerät, werden ja ihres Lebens nicht mehr froh, und wenn sie ihre Angst vor dem Glücklichsein, vor der Freude und Ausgelassenheit dann auch noch als Anspruch an die Mitwelt herantragen, womöglich in Verbindung mit einer gewissen Machtposition, sind die Auswirkungen hochgradig gemeinschaftsschädigend. Nein, ich plädiere hier für gar nichts, am allerwenigsten für diese komplexbeladene Gefühlsfeindlichkeit, die keine kräftigen Farben zulassen will und aus Angst vor den Schatten, die das Licht wirft, am liebsten die Sonne mit lilafarbenen Schleiern zuhängen würde. Aber es muss den «inneren Künstler» geben, der mit Farben umgehen kann, Licht und

Schatten in Beziehung setzt, kurzum: die Seele zusammenhält. Sie könnten ja auch nicht tanzen ohne den inneren Kompositeur, der in Ihrem Bewegungsorganismus die Feinabstimmung besorgt. Genauso ist es mit den Gefühlen.

Bewegungsgestalt – Seelengestalt

Wer mit kleinen Kindern zu tun hat, der weiß, dass sich ihr «innerer Kompositeur» noch in den Lehrjahren befindet. Deshalb sind sie einem ständigen Wechselbad intensivster situationsbedingter und in hohem Maße außenweltbestimmter, oft übergangslos wechselnder Stimmungen ausgesetzt, und es ist die Aufgabe der Eltern, mäßigend, ausgleichend einzuwirken. Ein trauriges Kind muss getröstet, ein unbändig sich freuendes Kind beschwichtigt, ein ängstliches Kind ermutigt werden. Als Erwachsene trösten, beschwichtigen und ermutigen wir uns größtenteils selbst. Das können wir, weil wir den feinen Spürsinn für die eigenen Gemütsbewegungen haben, durch den wir imstande sind, jedes innere Straucheln, jede Gefahr des Außer-sich-Geratens oder Niedergezogenwerdens mit einer gewissen Instinktsicherheit schon im Ansatz zu erkennen und auszugleichen. Diesem Umstand haben Sie es zuzuschreiben, dass Sie sich in Ihrem Gefühlsleben, obgleich Sie es vom Bewusstsein her kaum beeinflussen können, doch als relativ unabhängig erleben, dass Sie eine «Empfindung des eigenen freien Seelischen» in sich tragen. Auf der Fundamentalstufe entsteht dieses Unabhängigkeitserlebnis durch das (unbewusste) sensitive Eingeschaltetsein in die Feinabstimmung der eigenen körperlichen Bewegungsabläufe. Dann vertieft es sich, indem Sie sich als unbewusste «Komponisten» in Ihrer Gefühlswelt erleben. Auch das erleben Sie in der Tat unbewusst, meistens jedenfalls.

Aber diese unbewussten Vorgänge haben eine merkliche Auswirkung auf Ihre allgemeine Seelenverfassung. Was stellt sich dadurch ein, dass Sie nicht dauernd von irgendwelchen Stimmungen in die eine oder andere Richtung fortgerissen werden, sondern bei aller Beweglichkeit und Beeinflussbarkeit, bei aller Fluktuation doch mit sich selbst eins bleiben? Es stellt sich in Bezug auf das eigene Seelenleben ein Grundgefühl von Verlässlichkeit, Eigenständigkeit und Zusammenhang ein. Dieses Grundgefühl haben kleine Kinder noch nicht. Sie haben noch nicht die durchgängige Wahrnehmung von sich selbst, dass sie in einem *Seelengefüge* drinnenstehen und dass sich dieses Gefüge, das ja ein dauernd bewegtes ist – ein *Bewegungsgefüge* –, zwar im Verkehr mit der Außenwelt fortwährend verändert, aber doch etwas in sich Verlässliches und Zusammenhängendes bleibt, etwas im biografischen Werdegang zur Bewegungs*gestalt* Gewachsenes. Das können kleine Kinder selbstverständlich noch nicht erleben. Sie fühlen sich, um diese vorhin gebrauchte Formulierung wieder aufzugreifen, noch nicht «als frei bewegliche Wesen sinnvoll eingegliedert in die Bewegungszusammenhänge der Welt». Der durch den Bewegungssinn vermittelte Synchronismus von Eigenständigkeit und Verbundenheit muss sich im Laufe der Zeit erst herausbilden als Teil des sensoriellen Daseinsgrundes.

Empathie und Mitleidskraft

Das durch den Lebenssinn vermittelte Behaglichkeitsgefühl, das auf der rein seelischen Ebene als Fähigkeit zur Geduld und Andacht wiedererscheint und die soziale Tugend der Toleranz begründet; das durch den Tastsinn vermittelte Form- und Hüllengefühl, das wir brauchen, um die anteilnehmende Aufmerksamkeit zu entwickeln, die nötig ist, damit nicht zur Gleichgültigkeit entartet, was Toleranz hätte werden sollen, und eine fürsorgliche Lebenseinstellung sich herausbilden kann: dies beides begründet noch nicht das Freiheitsgefühl, das vom Bewegungssinn herrührt und uns ermöglicht, unser Verhältnis zur Welt und zu den Menschen so zu gestalten, dass wir *flexibel* und *anpassungsfähig* werden, ohne uns selbst aufzugeben. Lebendigkeit, innere Geschmeidigkeit im Umgang mit Menschen und Situationen, «tänzerisches» Einschwingenkönnen in soziale Prozesse, Kommunikations- und Dialogfähigkeit: das sind keine Begabungen, die der eine irgendwie mitbringt und der andere irgendwie nicht, sondern die erste, grundlegende Voraussetzung, um diese Fähigkeiten zu entwickeln, ist Orientierungssicherheit im Bereich des Bewegungssinnes. Welche moralische Qualität darin gründet, ergibt sich aus allem, was wir besprochen haben, geradezu mit Zwangsläufigkeit. Was würde, theoretisch gesprochen, alle Toleranz und anteilnehmende Aufmerksamkeit nützen, wenn wir uns nicht mit*bewegen* könnten mit dem, was andere bewegt? Man kann es nur theoretisch ausdrücken, denn praktisch ist natürlich in dem, was ich über den Tastsinn sagte, schon die Bewegungsqualität enthalten, wie wir auch bei unseren Erörterungen über den Lebenssinn stillschweigend den Tastsinn voraussetzen mussten und so weiter. Es bleibt uns, wenn wir ein basales Wahrnehmungsfeld beschreiben, gar nichts anderes übrig, als die übrigen basalen Wahrnehmungsfelder immer stillschweigend mit einzubeziehen.

Nehmen Sie zum Vergleich die Elemente: Sie könnten gar keine Aussagen darüber machen, wie sich das Wasser in der Natur verhält, wenn Sie die Wirkungen der Luft, Wärme und Schwere aus der Beschreibung eliminieren wollten. Und trotzdem sind es eindeutig vier verschiedene Qualitäten, die auf unterschiedliche Art unser Dasein bestimmen. So ist es auch mit den Basalsinnen. Also noch einmal: Was würde uns alle Toleranz und anteilnehmende

Aufmerksamkeit nützen, wenn wir uns nicht mitbewegen könnten mit dem, was andere bewegt? Wir wären mit all unserer Toleranz doch nur unbeteiligte Zuschauer und mit all unserem Bemühen um Anteilnahme doch letztlich verständnislos. Durch die bewegungssinnvermittelten Seelenfähigkeiten sind wir erst dazu imstande, uns *lebendig einzufühlen*, eine *innerlich bewegende* Verbindung einzugehen. Die kostbare Gabe der Empathie, letzthin die *Mitleidsfähigkeit* hat hier ihren entwicklungsgeschichtlichen Hintergrund. Dadurch wird die Sensibilität für die Seeleneigentümlichkeiten und feineren Wesensstrukturen des Mitmenschen, mithin für seine Verletzlichkeit und Bedürftigkeit, die wir als höheres Tasten charakterisiert haben, gesteigert und durch die Steigerung erst evident.

Für Kenner der Sinneslehre sei zur Vermeidung von Missverständnissen nur kurz angefügt: Der Ichsinn, der aufs innigste mit dem Tastsinn korreliert, dringt durch die Seeleneigentümlichkeiten und Wesensstrukturen des Gegenüber hindurch in eine noch tiefere Schicht vor. Die Wesenswahrnehmungen, die im Nachvollzug adjektivisch be- oder umschrieben werden können, sind sublimierte Tastempfindungen; der Inhalt der Ichsinn-Wahrnehmung entzieht sich jeder posthumen Adjektivierbarkeit.

Falsche Schlussfolgerungen – von erschwerten Entwicklungsbedingungen

Wir stehen vor einer sehr bemerkenswerten Tatsache des menschlichen Seelenlebens: Sie brauchen, um sich in andere Menschen wirklich einfühlen zu können, mitgehen zu können mit ihren Gemütsbewegungen, zunächst einmal die «Empfindung des eigenen freien Seelischen». Wenn Sie das innere Freiheitserlebnis auf der Grundstufe nicht haben, dann sind Sie nicht fähig, echtes Mitgefühl zu entwickeln. Altruismus und Freiheit sind unauflöslich miteinander verflochten. Eine solche Aussage passt natürlich überhaupt nicht in unsere heutige Zeit, aber das ändert nichts daran, dass sie der Wahrheit entspricht. Sie müssen durch das bewegungssinnvermittelte Basisgefühl gesichert sein, um sich wirklich einfühlen zu können in Ihre Mitmenschen; das freiheitsgestimmte Weltverhältnis ist die Grundlage Ihrer Mitleidsfähigkeit! Damit ist nun wiederum nicht gemeint, dass etwa ein von Geburt an bewegungsbeeinträchtigter Mensch kein Mitleid empfinden könnte. Eine solche deterministische Betrachtungsweise liegt mir so fern wie nur möglich. Obwohl ein unbestreitbarer Zusammenhang zwischen Bewegungsentwicklung und Sprachentwicklung besteht, gibt es ja teilgelähmte Kinder, die sprechen lernen, die also den Erwerb des aufrechten Ganges als Vorstufe des Erlernens der Muttersprache offenbar *rein innerlich* durchmachen, also durch rein innerliches Nachahmen! Und es gibt sogar Kinder, bei denen die Lähmung so weit geht, dass sie ihre Sprachwerkzeuge nicht benutzen können, die aber trotzdem ihre Muttersprache erlernen, aber rein innerlich. In der letzten Zeit ist ja das Schicksal des Birger Sellin durch die Presse gegangen, eines schwer autistisch gestörten jungen Mannes, der zwar nicht gelähmt ist, aber eben nie gesprochen hat und von jedermann für hochgradig schwachsinnig gehalten wurde, bis er mithilfe seiner Mutter begann, sich per Schreibcomputer mitzuteilen. Und da stellte sich heraus, dass er ein hochbegabter Dichter ist.

Ich möchte nicht wissen, wie viele Kinder und Jugendliche in heilpädagogischen Heimen und psychiatrischen Einrichtungen als schwachsinnig gelten und dementsprechend behandelt werden, obwohl in ihren unbrauchbaren Leibern hochentwickelte Seelen stecken. Und so wäre es eben auch ganz falsch zu sagen: Wenn ein

Kind stark bewegungsbeeinträchtigt ist, dann kann sich bei ihm die «Empfindung des eigenen freien Seelischen» nicht einstellen, und folglich wird es später keine Mitleidskräfte entwickeln. Vor solchen Kausalketten muss man sich hüten im Bereich der Entwicklungspsychologie. Die Tatsache des positiven Zusammenhanges zwischen freier körperlicher Beweglichkeit, seelischem Freiheitserlebnis und mitmenschlichem Einfühlungsvermögen rechtfertigt nicht den negativen Umkehrschluss. Aber sie berechtigt uns sehr wohl dazu, von erschwerten Entwicklungsbedingungen zu sprechen, wenn schon auf der Grundstufe Hemmnisse vorhanden sind. Es ist ja oft so im Leben, dass Fähigkeiten, die unter erschwerten Bedingungen errungen werden, zu besonders eindrucksvoller Blüte gelangen. Davon dürfen wir uns allerdings nicht zu einem bequemen Relativismus verleiten lassen («Jeder hat eben sein Schicksal»), der letztlich auf die Vernachlässigung unseres Erziehungsauftrages hinausliefe. Denn es ist unser Erziehungsauftrag, den Kindern möglichst günstige Entwicklungsbedingungen zu schaffen und bei erschwerten Bedingungen alles in unseren Kräften Stehende zu tun, um für Ausgleich und Linderung zu sorgen.

Es handelt sich ganz einfach darum, dass wir, in voller Anerkennung des Einzelschicksals, hilfsbereit sein müssen! Für bewegungsbehinderte Kinder bedeutet das zum Beispiel, dass wir nicht etwa meinen sollten, wir könnten die erzieherische Pflege des Bewegungs*sinnes* bei ihnen vernachlässigen, sondern ganz im Gegenteil: Diese Kinder brauchen die durch den Bewegungssinn vermittelte Grundsicherheit nicht weniger als alle anderen, aber sie müssen die Grundstufe der freien Beweglichkeit im *Leib* gewissermaßen überspringen oder doch zu großen Teilen auf diese Erfahrung verzichten und sich rein innerlich nachahmend in die Welt der Bewegungen, namentlich der menschlichen, menschengemäßen Bewegungen, einleben. Ihnen dabei zu helfen ist eine wichtige, vielleicht lebensentscheidende (heil-)pädagogische Aufgabe.

Darin liegt zum Beispiel der tiefere Sinn der von Laien oder auch von kurzsichtigen sogenannten Experten immer wieder mit Kopfschütteln bedachten Merkwürdigkeit, dass heilpädagogisch tätige Eurythmistinnen in anthroposophisch geführten Heimen vor Kindern in Rollstühlen herumtanzen. Sie tanzen natürlich nicht vor ihnen herum, sondern appellieren vermittelst einer wohlbedachten Gebärdensprache an die inneren Nachahmungskräfte der Kinder, mithin an den Bewegungssinn. Auch im Schulunterricht mit körperbehinderten Kindern wäre es ganz verkehrt, auf die Bewegungsteile, die ja im Epochenunterricht der Waldorfschule eine wichtige Rolle spielen, zu verzichten. Man sollte sogar *besonders viel* Spielerisch-Bewegungsmäßiges in die Unterrichtsgestaltung einfließen lassen, teils so, dass die Kinder bis zu einem gewissen Grad einbezogen werden, teils aber auch so, dass man sie nur zuschauen lässt. Wenn sie äußerlich nicht mitmachen können, so machen sie doch innerlich mit, und darauf kommt es an. Die inneren Nachahmungskräfte brauchen Anregung. Das ist ein Grundsatz für die Erziehung bewegungsbehinderter Kinder. Dadurch hilft man ihnen, dass sie aufgrund ihrer Beeinträchtigung nicht in eine Vereinsamung hineingeraten und darüber hinaus in einen Zustand furchtbarer Schreckhaftigkeit und Verzagtheit. Denn die Hauptgefahren bei Kindern, die wegen einer spastischen Bewegungsbehinderung nicht richtig zur Nachahmung kommen, sind Einsamkeitsgefühle, Verzagtheit und Schreckhaftigkeit. Sie haben es schwer, in das soziale Umgebungsgeschehen flexibel einzuschwingen, sind, wenn um sie herum eine gewisse Hektik entsteht, überfordert, weil ihnen die innere Reaktionsschnelligkeit fehlt, die man braucht, um zum Beispiel plötzliche Situationsveränderungen zu verkraften (Schreckhaftigkeit), und leiden folglich unter dem dauernden Gefühl, den Ereignissen nicht gewachsen zu sein, «nicht mitzukommen» (Verzagtheit). Ich habe erlebt, wie solche Kinder dermaßen schreckhaft waren, dass sie Krampfanfälle bekamen, wenn man sich in ihrem Blickfeld heftig und aufgeregt bewegte. Gut, das sind extreme Fälle, aber sie zeigen uns besonders eindrucksvoll, wozu der Bewegungssinn nötig ist.

Das traurig-grüblerische Kind: zur Charakteristik latenter Bewegungssinn-Störungen

Der Bewegungssinn macht uns innerlich anpassungsfähig an das, was sich in der Umgebung abspielt. Wenn wir nämlich irgendwelchen Bewegungseindrücken ausgesetzt sind, dann «neutralisieren» wir sie gewissermaßen, indem wir uns innerlich nachahmend mitbewegen. Solange Sie das Erlebnis haben: ich kann mich innerlich nachahmend mitbewegen, sind Sie den Eindrücken gewachsen und können angemessen reagieren. Das spielt sich beim Erwachsenen ganz im Verborgenen ab. Was beim kleinen Kind die offene, unverhüllte Nachahmungstätigkeit ist, das wandert später nach innen und wird zum unbewussten Wahrnehmungsinhalt des Eigenbewegungssinnes. Sie spüren ganz deutlich, wann diesbezüglich die Grenze Ihrer Orientierungsfähigkeit erreicht ist. Da treten Hilflosigkeitsgefühle auf, man verliert buchstäblich die Übersicht, wird schreckhaft und ungeschickt und kommt sich so vor, als sei man von der Mitwirkung an der betreffenden Situation suspendiert worden. Sie stehen sozusagen als Fremde, zur Untätigkeit verdammt, mitten in einem Geschehen, das allerdings nicht wirkungslos an Ihnen vorbeiläuft, sondern von dem Sie betroffen sind. Wenn es sich dabei um intensive, verwirrende Eindrücke handelt, macht sich eine Panikstimmung breit, Sie wollen fliehen und geraten vielleicht in einen ziel- und planlosen Aktivismus. In solchen Augenblicken sind, nebenbei bemerkt, auch die durch den Lebenssinn und den Tastsinn vermittelten Grundsicherheiten zusammengebrochen, denn, wie gesagt, die Dinge gehören zusammen. Aber es muss gar nicht so sein, dass Sie nur in besonders tumultuarischen Situationen die innere Anpassungs- und Mitbewegungsfähigkeit verlieren. So etwas kann auch bei einem ganz normalen Gespräch passieren. Sie spüren plötzlich: ich kann nicht mehr einsteigen, der Faden ist gerissen; ich höre die Leute reden und verstehe auch intellektuell so ungefähr, was sie sagen, aber ich bin irgendwie nicht drin in dem Prozess, ich gehöre nicht dazu. Jetzt fühlen Sie sich einsam und verzagt. Wenn einer aus der Gesprächsrunde Sie anspricht, zucken Sie zusammen. Kennen Sie das?

Natürlich könnte jetzt der eine oder andere Experte für Sinneslehre den Finger erheben und sagen: Das ist ja ein Problem der «höheren» Sinne, des Sprach-, Begriffs- und Ichsinnes. Ich würde nicht widersprechen. Aber es bestehen eben Bezüge, symbiotische Bezüge unter den Sinnen, und gerade die Basalsinne sind unauflöslich verknüpft mit den sogenannten Verstehenssinnen. Das ist ein Thema für sich, dem wir hier nicht nachgehen können. Was bei der eben geschilderten Situation des «Herausfallens» aus einem Gesprächsverlauf mit Blick auf die *basalen* Sinne in Betracht kommt, das ist neben vielem anderen vor allem die Irritation des Bewegungssinnes, den wir an dieser Stelle ruhig auch einmal als «Mitbewegungssinn» bezeichnen dürfen, um diesen speziellen Aspekt seiner schon verwandelten Tätigkeit, den Aspekt des innerlich nachahmenden Mitvollzugs sozialer Prozesse, hervorzuheben.

Es ist hilfreich, wenn Sie sich zu erinnern versuchen an solche Zustände, wo Sie plötzlich das Gefühl hatten, nicht mehr innerlich mitgehen zu können, wie gelähmt zu sein, während um

Sie herum das Gespräch oder das gesellige Zusammensein weiterlief. Darauf reagiert man nun weniger mit Panik und planlosem Aktivismus, sondern darauf reagiert man, wie gesagt, mit Gefühlen der Verzagtheit und des Ausgeschlossenseins, und man wird auf eine merkwürdige Art schreckhaft davon, wie ein Vögelchen, das aus dem Nest gefallen ist. Alles in allem ist es eine Traurigkeitsstimmung, die einen da ergreift, nicht wahr? Meistens ist der Grund für dieses Malheur eine Seelenverfassung, in der man nicht loskommt von bestimmten eigenen Problemen, um die das Denken und Fühlen geradezu zwanghaft dauernd kreist. Eine gewisse Zwanghaftigkeit steckt in der Regel dahinter, ein zwanghaftes Mit-sich-selbst-Beschäftigtsein aus diesem oder jenem Grund. Achten Sie einmal darauf, indem Sie Ihren eigenen inneren Zustand analysieren in solchen Zeiten, wo Sie besonders dazu neigen, sich an dem, was um Sie herum vorgeht, nicht richtig beteiligen zu können. Auf diese Weise lernen Sie nicht nur sich selbst, sondern auch die Kinder besser verstehen, die unter einer Störung ihres Bewegungssinns leiden und deshalb so schreckhaft sind, sich oft so verzagt und einsam fühlen.

Sehen wir jetzt einmal ab von den manifest bewegungsbehinderten Kindern, bei denen wir, um es zu wiederholen, durch intensives Anregen der *inneren* Nachahmungskräfte und indem wir sie so viel wie möglich einbeziehen in bewegungs-, gebärden- und interaktionsbetonte Dialog beziehungsweise Gruppenspiele außerordentlich segensreich wirken können. Schauen wir hin auf Kinder, die sich äußerlich zunächst ganz «normal» entwickelt haben, aber nun vielleicht vom dritten, vierten Lebensjahr an bis in die Schulzeit hinein zunehmend eine Wesensart annehmen, die uns deshalb mit Sorge erfüllt, weil wir da eine Neigung zum notorischen In-sich-Hineinbrüten finden, eine gewisse zwanghafte Selbstverstrickung, verbunden mit Einsamkeitsgefühlen und einer beinahe sozialphobisch anmutenden Kontaktscheu, die darauf beruht, dass sich diese Kinder, sobald im Umgang mit anderen Kindern Konflikte auftreten, verzagt und verschreckt zurückziehen.

Diese Kinder sitzen im Kindergarten meistens etwas abgesondert für sich allein da, spielen zum Beispiel mit Bauklötzen vor sich hin und sind doch nicht richtig versunken in ihr Spiel, sondern das läuft so mechanisch nebenher ab, während der Blick in die Ferne schweift und sich die Lippen im flüsternden Selbstgespräch bewegen. Bei Kreisspielen stehen sie verloren herum oder laufen dauernd in die falsche Richtung, ihre Körperhaltung lässt unwillkürlich an den «Ritter von der traurigen Gestalt» denken. Und wenn man sie energisch anspricht, zucken sie zusammen, als hätte es neben ihnen geknallt. Das ist, liebe Eltern, im knappen Umriss der Typus des latent bewegungssinngestörten Kindes, bei dem sich die «Empfindung des eigenen freien Seelischen» nicht so entwickelt hat, wie man es wünschen würde. Was sich hier nicht eingestellt hat, ist das freiheitsgestimmte Weltverhältnis, das bei Kindern unmittelbar mit der Bewegungsfreude zusammenhängt. Nicht die wilde, ungestüme Bewegungs*euphorie* ist hier gemeint (die freilich auch ihre Berechtigung, ja ihre Notwendigkeit hat bei entsprechend temperamentvollen Kindern!), sondern die eher still-genießerische Freude an der sinnvollen, geführten Bewegung, die eigentliche *Nachahmungsfreude.*

Alle Bewegungsfreude hat ihren Ursprung in der frühkindlichen Nachahmung, und alle Lebensfreude überhaupt hat ihren Ursprung in der Bewegungsfreude, ist *verinnerlichte Bewegungsfreude.* Das unbeeinträchtigt nachahmende Kind lebt sich ein in die Welt der Bewegung, namentlich der menschlichen, menschengemäßen Bewegung, indem es nachahmend den Aufrichteprozess bis zum aufrechten Gang vollzieht, die Muttersprache erlernt und die «Körpersprache» der Mitmenschen, ihre Gebärden und Bewegungsgewohnheiten, sich zu eigen macht. Später ergötzt es sich an Finger- und Kreisspielen, pantomimischen Ratespielen und Tänzen und vor allem daran, alles dasjenige, was die Eltern oder andere Leute im alltäglichen, praktischen Leben tun, ihnen eifrig übend nachzutun. Noch später löst sich das unstillbare Bedürfnis, über die Bewegungsfreude das Freiheitsgefühl, das Gefühl des Verwandtseins mit dem Wind und den Vögeln, immer wieder auszukosten, von der unmittelbaren Nachahmung ab: Klettern, Hüpfen, Wettrennen veranstalten, Roller- und Fahrradfahren, Zirkusspielen und ähnliche, eher sportliche Betätigungen rücken in den Vordergrund, aber dies alles geschieht, wenn irgend möglich, *zu zweit oder in der Gruppe.* Denn Bewegungsfreude und Gruppendynamik, das sind in der Kindheit zwei Seiten derselben Sache. Nun gibt es natürlich Kinder, die von ihrer Temperamentslage und Konstitution her eher zur Trägheit und Langsamkeit neigen, und da besteht überhaupt kein Grund zur Besorgnis, solange eben nicht die vorhin beschriebenen Anzeichen einer Störung des latenten Bewegungssinns respektive einer Nachahmungsschwäche auftreten.

Hintergrund: Frühkindliche Nachahmungsschwäche

Die grüblerischen, schreckhaften, zur Verzagtheit neigenden, sozial sich absondernden Kinder sind nachahmungsschwache Kinder. Da liegt der sprichwörtliche Hund begraben, wenn eine solche Wesenseinseitigkeit auftritt. Aufgrund einer mangelhaften frühkindlichen Nachahmungsaktivität, die verschiedenste Ursachen haben kann und durchaus nicht auf groben Erziehungsfehlern zu beruhen braucht, haben diese Kinder ihren Eigenbewegungssinn nicht genügend ausgebildet, und deshalb fehlt ihnen die durch den Bewegungssinn vermittelte Grundsicherheit, die wir als «freiheitsgestimmtes Weltverhältnis» kennengelernt und ausführlich charakterisiert haben. Bei den traurig-grüblerischen, zur Zwanghaftigkeit neigenden Kindern hat die Nachahmungsaktivität ausgereicht, um Stehen, Gehen und Sprechen zu lernen wie andere Kinder auch, aber sie sind nicht so weit gekommen, sich sozusagen vom Scheitel bis zu den Fußspitzen durchdrungen zu fühlen von Bewegungsenergie, sich bis ins Spielerisch-Gebärdenhafte, Tänzerische und schließlich bis in die feine zwischenmenschlich-soziale «Musikalität» hinein einzuschalten ins bewegte und bewegende Weltgeschehen.

Da ist etwas auf halber Strecke steckengeblieben in der Bewegungssinnentwicklung; diese Kinder haben nicht das Erlebnis des «inneren Kompositeurs», von dem ich vorhin bildhaft gesprochen habe, ihnen fehlt die emotionale Anpassungs- und Mitschwingungsfähigkeit, die seelische «Feinabstimmung». Deshalb ist bei ihnen das Gefühl, irgendwie nicht dazuzugehören, ständig «herauszufallen» aus den sozialen Prozessen und nicht recht zu verstehen, was eigentlich vor sich geht, ein Dauerzustand. Mit mangelnder Intelligenz hat das überhaupt nichts zu tun, auch wenn oft eine gewisse Begriffsstutzigkeit damit einhergeht, sondern es handelt sich um eine Schwäche des Bewegungssinns, die ihren Ursprung darin hat, dass die frühkindliche Nachahmungsaktivität aus irgendwelchen Gründen reduziert war. So etwas kann im Wesen des Kindes liegen, das ist bei den Leibessinnen nicht anders als zum Beispiel beim Sehsinn, es gibt eben angeborene Schwächen, mit oder ohne erbliche Belastung. Natürlich gibt es auch erworbene Schwächen. Bei der Nachahmung gilt generell, dass zu viele und zu starke, für das Kind nicht verkraftbare Eindrücke schädlich sind, wozu jede Art von verfrühter Medienbeeinflussung gehört, aber auch mangelnde Abschirmung vor optischen und akustischen Reizen im Allgemeinen, ständige Umgebungsveränderungen, Auto- und Flugreisen; ebenso prekär ist das Gegenteil, die sogenannte sensorische Deprivation, also das häufige Alleinlassen des Kindes. Prinzipiell gilt, dass ruhige, übersichtliche Situationen gut sind, in denen das Kind still beobachtend verweilen kann. Außerdem werden die Nachahmungskräfte durch einen einschüchternden, jähzornigen Umgangston zurückgedrängt, von körperlichen Misshandlungen ganz zu schweigen; schließlich muss auf ausreichenden, guten Schlaf geachtet werden. Das sind die wichtigsten Punkte. Aber wie gesagt, auch wenn sich die Eltern diesbezüglich nichts vorzuwerfen haben, kann es sein, dass ihr Kind unter einer latenten Schwäche des Bewegungssinns leidet. Manchmal bleibt uns, wenn ich das hier einmal so lapidar sagen darf, gar nichts anderes übrig, als von karmischen Ingredienzen auszugehen, also von Problemen, die offenbar im individuellen Schicksal des Kindes liegen und in keines der gängigen monokausalen Begründungsmuster passen.

Vom Engel berührt: Die unbewussten Sehnsüchte des Kindes

Sie dürfen, liebe Eltern, von der einen Seite her, von der Nachtseite her, auf die Engelwirksamkeit bauen. Sie dürfen auf die ordnend-harmonisierende Engelwirksamkeit bauen, durch die sich der Lebenssinn entwickeln kann. Das Kind erlebt in diesem Engelwirken tief unbewusst die Qualität der zur Liebekraft gesteigerten Duldsamkeit und wendet sich mit der sehnsuchtsvollen Erwartung, diese Qualität wiederzufinden, den Menschen zu. Wir stillen diese Sehnsucht, indem wir mit ruhiger, andachtsvoller Zuwendung alles tun, was getan werden muss, damit sich das

Kind in seinem Leib zufrieden fühlt, und indem wir uns um eine innere Einstellung bemühen, an der das Kind erspüren kann, was «zur Liebekraft gesteigerte Duldsamkeit» in der Menschenwelt, im sozialen Leben bedeutet: wahrhafte Toleranz. Besonders die unruhig-nervösen Kinder sind darauf angewiesen, dass wir von dieser Seite her das Wirken des Engels ergänzen, denn sie können das, was ihnen an ordnend-harmonisierenden Kräften zufließt im Schlaf, nicht in der richtigen Art gebrauchen. Es ergeht ihnen in dieser Hinsicht ganz ähnlich wie einem Menschen, der etwas gelernt hat, was innere Sammlung und Konzentration verlangt, und das Gelernte dann in der Praxis nicht anwenden kann, weil er zu aufgeregt ist, weil ihm die Aufregung bis in die Eingeweide kriecht. So ungefähr kann man sich vorstellen, was den unruhig-nervösen Kindern jedes Mal passiert, wenn sie sich von ihrem Engel entfernen und mit den ganz gewöhnlichen Realitäten des Lebens konfrontiert werden.

Weiter: Wir dürfen auf den formend-konfigurierenden Beistand des Engels bauen, durch den sich der Tastsinn entwickeln kann. Das Kind erlebt in diesem Beistand tief unbewusst die Qualität der zur Liebekraft gesteigerten, strukturierenden Autorität und wendet sich uns mit der sehnsuchtsvollen Erwartung zu, solche ordnende Anteilnahme bei uns zu finden. Indem wir mit echtem, ich möchte sagen: erzieherischem Enthusiasmus (man muss es freudig tun, sonst nützt es wenig!) das Form- und Hüllengefühl des Kindes an Leib und Seele stärken und es unserer unbeirrbaren Fürsorglichkeit, unseres Beschützergeistes versichern, stillen wir diese Sehnsucht. Besonders die ängstlich-zaghaften Kinder brauchen das Gefühl, dass wir sie beschützen. Wenn sie sich von ihrem Schutzengel entfernen, fühlen sie sich, mehr als andere Kinder, verlassen, den Gefahren des Lebens hilflos preisgegeben. Wir müssen ihnen den Schutzengel ersetzen, und das ist in allererster Linie eine Einstellungsfrage. Ängstliche Kinder brauchen Menschen, die ihnen das Gefühl geben: Ich lasse dich niemals im Stich, auch nicht in Gedanken und Gefühlen. Die unruhigen Kinder brauchen das auch, aber noch mehr brauchen sie die Gewissheit, dass sie so, wie sie sind, aufrichtig respektiert werden. Denn das Urtrauma des unruhig-nervösen Kindes ist das Unerwünschtsein, und das Urtrauma des ängstlich-zaghaften Kindes ist es, im Stich gelassen zu werden.

Vom Umgang mit traurig-grüblerischen Kindern

Welches ist das Urtrauma des traurig-grüblerischen Kindes? Das haben wir eigentlich schon besprochen. Es ist diese Stimmung des Ausgeschlossenseins vom Weltgeschehen. Die Verzagtheit des traurig-grüblerischen Kindes hat eine andere Note als diejenige des ängstlichen Kindes. Sie beruht auf dem Gefühl, nicht einbezogen zu sein, nicht dazuzugehören, mithin: nicht zu verstehen, was vor sich geht. Das Urtrauma des traurig-grüblerischen Kindes ist in der Tat das Ausgeschlossensein vom Weltgeschehen, wenn wir es ganz allgemein formulieren wollen. Deshalb ist es wichtig, diese Kinder so viel wie möglich bewusst einzubeziehen in alles, was man tut, ihnen auf altersgemäße Art immer wieder zu erklären, was sich abspielt, sie geduldig aufmerksam zu machen auf Zusammenhänge und Sinnbezüge in dem, was sie erleben. Wir müssen sie von dem bedrückenden Gefühl erlösen, verständnislose Zuschauer zu sein. Das ist, wie gesagt, bei diesem Typ Kind kein Intelligenzproblem, sondern ein Bewegungsproblem. Es hängt viel davon ab, dass wir uns diesbezüglich nicht täuschen und die traurig-grüblerischen Kinder wegen ihres schlechten Reaktions- und Situationserfassungsvermögens, wegen ihrer Begriffsstutzigkeit etwa für dumm halten. Was ihnen fehlt, ist im weitesten Sinne die seelische Erlebnisfähigkeit für das *Prozessuale*, für den tiefgründigen Sinnzusammenhang eines Handlungs- oder Dialoggeschehens. Sie können sich nicht richtig innerlich mitbewegen mit den Prozessen, die sich in ihrer Umgebung abspielen.

Man tut gut daran, sie in überschaubare, praktische Handlungsabläufe oder einfache Herstellungsprozesse mit mehreren charakteristischen Arbeitsschritten so einzubeziehen, dass sie einen bestimmten Arbeitsschritt übernehmen und das Ganze, was sich vorher und nachher abspielt, beobachten, beim nächsten Mal einen anderen Arbeitsschritt übernehmen, beim übernächsten Mal wieder einen anderen und so weiter, bis sie alle infrage kommenden Arbeitsschritte einmal ausgeführt haben. Dann übergibt man dem Kind das «Kommando»: Mutter oder Vater führen die betreffende Sache nach den Anweisungen des Kindes durch, und dieses entscheidet selbst, welchen Part es selbst übernehmen will. Um auf diese Art mit den traurig-grüblerischen Kindern zu üben, eignet sich zum Beispiel das Backen und Kochen gut. Oder, wenn sie nicht mehr ganz so klein sind, die Wolleverarbeitung vom Waschen, Kämmen, Färben und Verspinnen des Materials bis zum Stricken oder Weben. Machen Sie viele Gesellschaftsspiele mit diesen Kindern! Erfinden Sie mit ihnen zusammen im Erzähldialog kleine Geschichten («Jetzt kommst du: Wie soll es weitergehen?») oder auch, je nach Alter, ganze Fortsetzungsromane, wobei es darauf ankommt, dass im Fortgang der jeweiligen Geschichte nicht dauernd über den Haufen geworfen werden darf, was man vorher erzählerisch festgelegt hat, also der gute, hilfsbereite König vom Montag kann nicht am Dienstag plötzlich ein fürchterlicher Tyrann sein, die bettelarmen Leute können nicht plötzlich mit dem Luxusdampfer nach Amerika reisen und so weiter.

Auch das Folgende kann sehr empfohlen werden: Sie gehen mit dem Kind jede Woche an einem bestimmten Tag zu einer bestimmten Zeit spazieren, und Sie gehen immer denselben Weg. An immer denselben Stellen halten Sie an und verweilen ein wenig, vielleicht bei einem bestimmten Baum, an einem bestimmten Gartenzaun, bei einer Baustelle, und nun machen Sie das Kind auf viele Einzelheiten aufmerksam. Was ist gleich geblieben? Was hat sich verändert? Ist irgendeine Kleinigkeit hinzugekommen? Wie geht der Hausbau voran? Was ist in dem Garten gemacht worden? Haben sich diese oder jene Knospen schon geöffnet? Welche Blumen welken zuerst? Verändern die Blätter des Baumes die Farbe? Gehen Sie mit dem Kind die Stationen des Weges wieder und wieder sorgfältig beobachtend und Beobachtungen austauschend durch, als wäre es geradezu eine Art Ritual, was Sie da vollführen. Und sollten Sie unterwegs – was sehr wahrscheinlich ist, wenn Sie den Spaziergang immer am selben Wochentag zur selben Zeit machen – regelmäßig bestimmten Menschen begegnen, die etwas Bestimmtes tun, zum Beispiel einem Mann, der jedes Mal, wenn Sie vorbeikommen, gerade mit dem Fahrrad losfährt, dann denken Sie sich zusammen mit dem Kind Geschichten über diesen Mann oder die anderen Leute aus.

Mit innerer Lebendigkeit, Aufmerksamkeit und Fantasie teilnehmen am Weltgeschehen, das ist die Devise. Dabei müssen Sie dem traurig-grüblerischen Kind helfen, und unter «Weltgeschehen» ist in diesem Fall nichts irgendwie Übergeordnetes, Erlebnisfernes, Philosophisches zu verstehen – das eben gerade nicht –, sondern das konkrete, alltägliche, sinnlich erfahrbare Leben. Von diesem soll sich der «innere Kompositeur» anregen lassen. Natürlich, das versteht sich sozusagen von selbst, ist für diese Kinder alles dasjenige unmittelbar heilend, wodurch sie erstens spielerisch sich hineinfinden lernen in soziale Prozesse, die nach bestimmten, in sich plausiblen Reglements ablaufen, wo es also darum geht, sich aufeinander abzustimmen, Rollen zu tauschen, geistesgegenwärtig zu reagieren auf das, was der andere tut. Nur muss man hier vorsichtig sein: Mit solchen Spielen haben es die traurig-grüblerischen Kinder ja gerade schwer, sodass man sie diesbezüglich nicht überfordern darf, sonst erreicht man das Gegenteil von dem, was man erreichen will. Man muss sie mit dem nötigen Verständnis für ihre Schwächen behutsam *einbeziehen*, wo nötig auch führen. In dem Wort «einbeziehen» steckt die goldene Grundregel für solche Kinder! Zweitens liegt in Anbetracht dessen, was wir uns klargemacht haben, auf der Hand, dass alles, was in Richtung Rollenspiel, Gebärdenspiel und Tanz geht, das heißt alles, was sowohl nachahmenden als auch bewegungsdialogischen Charakter hat, für traurige Kinder der reinste Seelenbalsam ist, vorausgesetzt, man gestaltet es so, dass sie den Situationen gewachsen sind und auf einfühlsame Führung vertrauen können, falls sie «herausfallen».

Geformte Sprache – sinnvolle Gebärde

Schließlich spielt die Pflege der Sprache und des Gesprächs eine wichtige Rolle, beides: ein im Umgang mit Kindern versierter Sprachgestalter ist, gleichrangig mit der Heileurythmistin beziehungsweise dem Heileurythmisten, der Therapeut der Wahl, und zu Hause sollte dem Kind so oft wie möglich jemand als Gesprächspartner zur Verfügung stehen, um ihm Zusammenhänge und Sinnbezüge aufzuschlüsseln und zu verhindern, dass es grüblerisch in sich selber versinkt. Bei kleinen Kindern ist das Gespräch natürlich als ein «Bebildern» der Welt zu verstehen, es geht also nicht um abstrakte Belehrungen. Auch im Schulalter geht es darum nicht, sondern mehr um ein hinweisendes Aufmerksammachen auf Phänomene, um das Erzählen darüber, wie Menschen auf dieses und jenes reagieren, wie sie sich fühlen, wo ihre Ängste stecken, welches ihre Temperamentseigentümlichkeiten sind. Auch wie Sie sprechen, liebe Eltern, ist keineswegs nebensächlich. Man sollte sich im Beisein so eines traurigen, vergrübelten Kindes darum bemühen, schön und klangvoll zu sprechen, nicht gekünstelt, das nur ja nicht, aber eben deutlich, klar: so, dass für das Kind eine gewisse kontrollierte Willenskraft darin spürbar wird, ein Freiheitselement. Das ist überhaupt, ganz abgesehen von der pädagogischen Bedeutung, sehr lohnend, ein bewussteres, freieres Sprechen sich anzugewöhnen. Bringen Sie außerdem viel Rezitatorisch-Poetisches und Gesangliches an die traurigen Kinder heran. Das tut ihnen gut.

Und sehen Sie, was für das lautliche Sprechen gilt, das gilt auch für die Körpersprache. Man sollte im täglichen Leben mit Kindern, und ganz besonders eben mit solchen Kindern, wie wir sie jetzt besprechen, darauf achten, wie man sich bewegt, ob da überhaupt noch irgendeine «Musik», irgendetwas angenehm zu Erlebendes übrig geblieben ist aus der Zeit, wo man vielleicht Sport getrieben oder gern getanzt hat, wo eine gewisse Bewegungskultur zur natürlichen Grazie (und gewiss auch Eitelkeit) des Jungseins einfach dazugehörte. Sie wirken gesundend auf das Nachahmungswesen eines jeden Kindes durch die Schönheit Ihrer Gebärden- und Bewegungssprache, und solche Schönheit entsteht ganz von selbst, wenn Sie die Dinge, die Sie tun, unverkrampft und umsichtig tun: wenn Sie sich einfach Zeit lassen und sich wirklich auch innerlich hinwenden zu den ganz gewöhnlichen, praktischen Verrichtungen des Alltags. Dadurch kommt automatisch eine gewisse ästhetische Note in Ihre Bewegungen hinein, die das Kind, namentlich das kleine Kind, sehr intensiv wahrnimmt und als etwas Vertrauensbildendes erlebt im unbewussten Nachahmungsvollzug. Vergessen wir nicht: Das

«Milieu» des Bewegungssinnes ist die geführte, geformte Bewegung, die *sinnvolle Gebärde.*

Das Kind wird in seiner nachahmungsbereiten Hingeneigtheit zum Guten (über dieses Phänomen haben wir uns am Anfang unserer Betrachtungen verständigt) dadurch angesprochen, dass wir es die *Liebe am Leib* erfahren lassen. Das heißt zum einen: Ein lebens- und tastsinnpflegender, unmittelbarer Körperkontakt aus einer gewissen Andachtsstimmung und rücksichtsvoll-anteilnehmenden Grundhaltung heraus, aber auch die Art, wie wir uns in der Umgebung des Kindes überhaupt verhalten, wie wir umgehen mit den Dingen und Wesen der Welt, wie wir *miteinander* umgehen, sind wichtig. Ob Sie dem Kind selbst zugeneigt sind oder im Beisein des Kindes sich mit irgendetwas anderem beschäftigen: das *Wie* Ihres Handelns, Ihre innere Einstellung drückt sich in der Gebärdensprache aus, die das Kind vermittelst des Eigenbewegungssinnes innerlich «mitspricht». Es soll uns jetzt nicht so sehr interessieren, wie dieses innere «Mitsprechen» im einzelnen vor sich geht. Man muss nur wissen, dass es sich bei kleinen Kindern zunächst um Mitbewegungen im funktionellen Bereich handelt, die das allgemeine Lebensgefühl beeinflussen und dadurch, dass der Bewegungssinn in sie eingeschaltet ist, auf die seelische Entwicklung übergreifen. Achten wir also auf die Gebärdensprache! Und ich wiederhole: Die Gebärdensprache ist keine Frage des Übens vor dem Spiegel, sondern eine Frage der Einstellung. Was Sie mit Liebe tun, das tun Sie automatisch so, dass Sie die Bewegungssinn-Erwartung des Kindes befriedigen.

Erziehung und Selbsterziehung: Die Mitleidskraft

Sie dürfen wiederum auf die Engelwirksamkeit bauen. Diese kann in Bezug auf den Bewegungssinn als *lösend-koordinierender* Beistand bezeichnet werden. In der Nacht wird immer wieder das gesamte Gliedmaßen-Muskel-Gefüge gewissermaßen neu eingestellt: Verspannungen lockern sich, die Muskulatur kann sich dem ruhigen, gleichmäßigen Strömen der Säfte hingeben. Indem sich der Mensch körperlich ganz der Schwere überlässt, ist er ihr zugleich entronnen, muss sich nicht gegen sie wehren; die höheren Wesensglieder lösen sich aus dem Leib und werden durchdrungen von den übersinnlichen Kräften, die tagsüber, wenn wir stehen, gehen, uns bewegen, jenes Wunderwerk der muskulären Koordination, Komposition ermöglichen, das sich, fern vom Wachbewusstsein, bei jedem Schritt und jedem Handgriff im Verborgenen vollzieht. Lösend, entspannend wirkt der Engel herein wie ein unendlich sensitiver, körperkundiger Masseur und nimmt zugleich den erschöpften «inneren Kompositeur» in seine inspirierende und regenerierende Obhut. Wenn dann nach dem Erwachen dieser innere Kompositeur seine Arbeit wieder aufnimmt, findet er ein geschmeidiges, fügsames Leibesinstrument vor und kann gestärkt ans Werk gehen.

Wir wollen das, was ich Ihnen jetzt in etwas poetischen Wendungen sage, wiederum nicht als bloße Allegorie auffassen. Natürlich betreten wir eine Ebene, die uns zwingt, in Bildern zu sprechen, aber es sind Bilder, die etwas umschreiben sollen, was sich tatsächlich abspielt, obgleich unsere Alltagssprache keine Worte dafür kennt (und die gängige Wissenschaftssprache erst recht nicht). Was glaubt man denn eigentlich, woher ein neugeborenes Kind die Fähigkeit nimmt, binnen kürzester Zeit sich aufzurichten, gehen zu lernen und sich die Muttersprache anzueignen? Über die Nachahmung, gewiss. Aber ich kann mir ja auch nicht einfach eine Beethoven-Sonate anhören, mich ans Klavier setzen und sagen: Jetzt lerne ich per Nachahmung die Sonate auswendig. Bevor ich das kann, muss ich Klavierspielen gelernt haben. Sonst bräuchte ich gar nicht anzufangen mit der Sonate. Die Kinder, nicht wahr, haben, was die Nachahmung betrifft, offenbar das «Klavierspielen» schon vor ihrer Geburt gelernt. Man muss einem Kind das Nachahmen nicht beibringen, das kann es schon! Kaum ist es bei uns angekommen, fängt es unaufgefordert an, die schwersten Stücke zu üben, und wir müssen erzieherisch nicht das Geringste unternehmen, um es diesbezüglich zu motivieren oder ihm zu zeigen, wie man das macht. Ein Kind weiß genau, was es zu tun hat, um nach zehn, elf Monaten wie die Erwachsenen aufrecht herumlaufen zu können. Das einzige, was wir dazu tun müssen, ist, im Blickfeld des Kindes aufrecht herumzulaufen. Würde es genügen, mir die Klaviersonate von Beethoven dauernd vorzuspielen, damit ich sie nach einem Jahr auch spielen könnte? Nein, das würde überhaupt nichts nützen, wenn ich nicht wüsste, wie man mit einem Klavier umgeht. Warum also genügt es, vor dem Kind herumzulaufen, damit es laufen lernt? Weil es nachahmen kann. Und diese hohe Kunstfertigkeit, über die es *a priori* verfügt, hat ihm sein Engel beigebracht.

Man muss nur unvoreingenommen geradeaus denken, um darauf zu kommen, dass im Kind eine höhere Weisheit wirkt. Sie wirkt auf verschiedene Weise, und was die Bewegungsfähigkeit, mithin die angeborene (aber noch nicht ausgereifte) Bewegungs*intelligenz* betrifft, kann man eben, wenn man es auf eine Kurzformel bringen will, davon sprechen, dass dieselbe Weisheit, die sich darin ausdrückt, dass das Kind als nachahmungsfähiges Wesen zur Welt kommt, jedes Mal im Schlaf wieder *lösend-koordinierend* so ins Wesensgliedergefüge hereinwirkt, wie ich es eben bildhaft beschrieben habe. Dadurch kann sich der Bewegungssinn nach und nach entwickeln und seine grundlegende, orientierende Funktion übernehmen. Das Kind erlebt in der lösend-koordinierenden Engelwirksamkeit tief unbewusst die Qualität des zur Liebekraft gesteigerten, einfühlsamen Verstehens und wendet sich der Welt und den Menschen mit der sehnsuchtsvollen Erwartung zu, solche Einfühlsamkeit wiederzufinden.

Wir bestätigen diese Erwartung, indem wir mit der entsprechenden inneren Einstellung die nachahmungsbereite Hingeneigtheit des Kindes zur sinnvollen, «schönen» Bewegung positiv beantworten und ihm die Zuversicht vermitteln, dass wir es nie achtlos «stehenlassen», sondern stets einbeziehen werden in alles, was geschieht. Das Kind schöpft Lebensfreude daraus, dass wir ihm zeigen, was «zur Liebekraft gesteigertes Verstehen» im sozialen Leben bedeutet: Mitleidskraft. Dadurch stärken wir die «Empfindung des eigenen freien Seelischen» und legen die Keime dafür, dass das Kind in seinem späteren Leben die Mitleidskraft als etwas ganz Selbstverständliches in sich finden wird. Nicht Predigten über Barmherzigkeit sind in dieser Richtung erzieherisch fruchtbar, sondern Erziehungstaten, die den Bewegungssinn pflegen. Besonders die traurig-grüblerischen Kinder brauchen in dieser Hinsicht unsere Unterstützung, und sie brauchen vor allem, mehr als andere, das Gefühl, verständnisvoll einbezogen zu werden. Denn es ist ihr Urtrauma, ausgeschlossen zu sein vom Weltgeschehen.

Es ergeht ihnen so ähnlich wie einem Musiker, der gut vorbereitet zur Orchesterprobe kommt, aber dort jedes Mal versagt, weil ihn die vielen Klänge ringsumher völlig durcheinanderbringen, sodass er wie gelähmt dasitzt und lieber gar nicht mitspielt, als dauernd falsch zu spielen. So ungefähr kann man sich die Situation eines in seinem Bewegungssinn geschwächten Kindes vorstellen, wenn es morgens in den Kindergarten kommt. Es kann all die Dinge, die um es herum geschehen, in sich nicht koordinieren. Die innere Anpassungsfähigkeit fehlt, die rechte Mischung aus Gelöstheit und instinktivem Situationsgespür. Deshalb kommen sich diese Kinder immer vor wie «Sand im Getriebe» und halten sich nach Möglichkeit aus allem heraus. Die Zwanghaftigkeit, die manchmal bei ihnen auftritt, hat rituellen Charakter. Sie schaffen sich ihr eigenes Ordnungssystem als Sinnersatz. *Innerhalb* der rituellen Gewohnheitsstruktur sind die Dinge überschaubar und sinnvoll aufeinander bezogen.

Das war es, was ich Ihnen zu den traurig-grüblerischen Kindern sagen wollte. Sie sind vor allem in ihrer Gemütsverfassung, in ihren seelischen Umweltbezügen nicht genügend durchdrungen von der lösend-koordinierenden Engelwirksamkeit. Was ihnen im Schlaf zuteil wird, ist dem Ansturm der Sinneswelt nicht gewachsen, und von daher kommt es, dass sie sich lieber in sich selbst zurückziehen, wie um Anschluss zu halten an jenen inneren Bezirk, aus dem ihnen Sicherheit und Trost zufließt, wenn sie die Tore zur Außenwelt verschließen.

Der Gleichgewichtssinn

Der Gleichgewichtssinn, liebe Eltern, hängt eng mit dem Bewegungssinn zusammen, das ist klar. Ihre ganze innere Gelöstheit und Ihr ganzes Koordinationsvermögen würden Ihnen wenig nützen, wenn sie sich nicht im Gleichgewicht halten könnten. Bei allen Bewegungsabläufen, vor allem in aufrechter Haltung, aber auch sonst, müssen Sie sich fortwährend ausbalancieren. In die muskuläre Feinabstimmung ist grundsätzlich auch der Gleichgewichtssinn eingeschaltet, und auch im Gefühlsbereich wären die komplementären Ausgleichsimpulse und «kompositorischen»

Leistungen, von denen wir gesprochen haben, gar nicht möglich ohne ein feines Wahrnehmungsvermögen für Gleichgewicht und Ungleichgewicht. Aber trotzdem hat der Gleichgewichtssinn gegenüber dem Bewegungssinn eine ganz eigene Qualität. Rudolf Steiner hat diese Qualität folgendermaßen beschrieben: «Wie empfinden wir denn, in die Seele hineingestrahlt, die Erlebnisse des Gleichgewichtssinnes? Das ist ja schon ganz seelisch: Wir empfinden das als innere Ruhe, als jene innere Ruhe, welche macht, dass, wenn ich von da nach hierher gehe, ich doch nicht zurücklasse den, der da in meinem Körper steckt, sondern ihn mitnehme; der bleibt ruhig derselbe. Und so könnte ich durch die Luft fliegen, ich würde ruhig derselbe bleiben. Das ist das, was uns unabhängig erscheinen lässt von der Zeit. Ich lasse mich auch heute nicht zurück, sondern ich bin morgen derselbe. Dieses Unabhängigsein von der Zeit, das ist das Hineinstrahlen des Gleichgewichtssinnes in die Seele. Es ist das Sich-als-Geist-Fühlen.» Eine ungewöhnliche Sicht auf den ersten Blick. Normalerweise geht man ja davon aus, dass wir wegen unseres Gleichgewichtssinnes, grob gesagt, nicht umfallen. Das ist auch richtig. Rudolf Steiner hat häufig auf diese zunächst hervorstechende Eigenschaft hingewiesen. So sprach er lapidar von dem Sinn, «durch den wir unterscheiden, ob wir stehen oder ob wir liegen, [und] wahrnehmen, wie wir, wenn wir auf unseren zwei Beinen stehen, uns im Gleichgewichte halten». Aber bei genauerer Betrachtung muss man doch fragen: Ist es nicht eine höchst erstaunliche Tatsache, dass wir uns stehend im Gleichgewicht halten können? Man nimmt das als etwas ganz Normales hin, und es ist auch etwas ganz Normales, aber trotzdem grenzt es eigentlich an ein Wunder.

Bedenken Sie, welche enorme Last sie auf der minimalen Grundfläche Ihrer Fußsohlen tragen, als wäre das eine Kleinigkeit, und zwar beileibe nicht nur, wenn Sie kerzengerade stehen wie ein Zinnsoldat, sondern auch, wenn Sie beispielsweise herumtanzen oder auf einem Bein hüpfen. 92 Kilo sind das zum Beispiel bei mir, und ich kann Ihnen versichern, dass ich mich trotz meiner Leibesfülle überhaupt nicht schwer fühle und auch nicht in der Gefahr bin umzufallen, solange ich keine halsbrecherischen Verrenkungen mache. Ich kann sogar recht gut auf einem Bein hüpfen und auf Gartenzäunen balancieren mit meinen 92 Kilo, fragen Sie die Kinder. Wie erstaunlich das also ist, dass man eine solche Last buchstäblich mit Leichtigkeit durch die Gegend trägt, das bemerken Sie spätestens dann, wenn Sie aus irgendwelchen Gründen in Ihrem Gleichgewicht dekompensiert sind, zum Beispiel nach einer Karussellfahrt oder nach einem etwas zu tiefen Blick ins Weinglas. Da müssen sie Ihre Bewegungen plötzlich behutsam steuern und dürfen vor allem die Augen nicht zumachen. Dem Sehsinn fällt nämlich eine wichtige Ausgleichsfunktion zu, wenn der Gleichgewichtssinn irritiert ist. Sie halten sich sozusagen mit Ihren Blicken fest an den Gegenständen, orientieren sich innerlich an der äußerlichen räumlichen Ordnung. Wenn Sie nach einer feuchten Geburtstagsfeier noch nicht so weit sind, dass sich auch die Sehperspektive verzerrt, dann können Sie Ihre Gleichgewichtsunsicherheit ausgleichen, indem Sie die Augen offen halten. Sobald Sie die Augen jedoch schließen, wird es kritisch. Auch wenn Sie zum Beispiel das Gesicht nach oben wenden und den Sternenhimmel betrachten, kann es kritisch werden, oder wenn Sie sich zu schnell von einer Richtung in die andere drehen. Was liegt da vor? Als Phänomen liegt zunächst vor, dass die *innere Raumorientierung* gestört ist.

Es gibt ein inneres Raumgefühl, das nicht identisch ist mit der nach außen gerichteten räumlichen Wahrnehmung, will sagen: dieses innere Raumgefühl ist normalerweise auch dann vorhanden, wenn Sie die Augen schließen und die Ohren zustopfen. Es handelt sich, genauer ausgedrückt, um ein inneres Symmetriegefühl. Sie haben ein inneres Erlebnis davon, wie Sie eingeschaltet sind in die Raumesrichtungen, also ein Erlebnis von oben-unten, vorn-hinten, rechts-links. Ein verinnerlichtes, von der äußeren Wahrnehmung unabhängiges Raumgefühl! Dabei empfinden Sie sich selbst als aufrecht stehende Gestalt innerhalb dieses Innenraumes, als in der Raumesmitte aufragende Gestalt. Immer ist ein Mittelpunktserlebnis dabei, wenn Sie sich, frei stehend, auf Ihr inneres Raumgefühl konzentrieren: ein Mittelpunktserlebnis und ein Erlebnis des Aufragens. Nach allen Seiten dehnt sich gleichmäßig der Raum wie eine Kuppel, und im Zentrum steht, senkrecht aufragend, das Ich. Dieses fundamentale Symmetriegefühl ist untergründig immer vorhanden, wenn man sich einigermaßen im Gleichgewicht befindet, und das meint Rudolf Steiner, wenn er von einer «inneren Ruhe» spricht, die uns «unabhängig erscheinen lässt» von der Zeit und von der Körperlichkeit.

Zwar bezieht sich die innere Gleichgewichtswahrnehmung, wie wir sie uns jetzt vor Augen geführt haben, insofern auf unseren körperlichen Zustand, als sie wiederum (das haben wir ja schon im Zusammenhang mit den anderen Sinnen gesehen) das *Wesensgliedergefüge* betrifft, nämlich das *Verhältnis* des Geistig-Seelischen zum Physisch-Leiblichen, aber der Aspekt dieses Verhältnisses, von dem wir durch den Gleichgewichtssinn Mitteilung erhalten, ist eben derjenige des *Unabhängigseins* des Geistig-Seelischen vom Physisch-Leiblichen. Denn sehen Sie: Der physische Leib unterliegt, für sich genommen, der Gravitation. Er ist zentripetalen Kräften ausgesetzt, die ihn nach unten, zum Erdmittelpunkt hinziehen. Wären wir vollständig von ihm *abhängig*, könnten wir nicht aufrecht stehen und gehen, sondern allenfalls am Boden kriechen – aber nein, selbst das Kriechen bedeutet ja schon ein *kleines* Stück Unabhängigkeit vom Schwerkraftgesetz, denn wo diesem Gesetz *nichts* entgegenwirkt, da gibt es keine Automobilität, keine sich selbst bewegenden Körper.

Wenn also sogar ein Regenwurm nicht ganz und gar seinem

physischen Leib unterworfen ist, dann lässt sich ermessen, in welchem, ich wiederhole: höchst erstaunlichen Maße sich der *Mensch* als geistig-seelisches Wesen im Laufe seiner Entwicklung von den Gesetzen emanzipiert, denen er als physisches Wesen völlig ausgeliefert wäre, wenn in seinem Körper keine Seele und kein Ich leben würden, durch die er sich bewegen und aufrichten kann. Dieses Emanzipiertsein erleben wir, wenn wir aufrecht stehen und gehen und überhaupt kein Gefühl des Hinuntergezogenseins, der Schwerfälligkeit dabei haben, wenn wir tanzen, auf einem Bein hüpfen oder auf Gartenzäunen balancieren. Wir könnten aber gar nicht stehen, gehen, tanzen oder balancieren, wenn wir nicht jene innere Symmetrie- und Raumempfindung hätten, jene Empfindung des «Aufragens im Seelenraum»: «Sich-als-Geist-Fühlen», wie es Rudolf Steiner ausdrückt. Eine Blume, nicht wahr, wird vom Sonnenlicht emporgezogen. Dadurch, dass die Sonne scheint, kann sie sich aufrichten und nach oben öffnen. Der Mensch hat dieses Licht, durch das er sich aufrichten und nach oben öffnen kann, in sich selbst. Das ist es, was wir durch den Gleichgewichtssinn wahrnehmen: dieses innere, aufrichtende Licht, durch das wir nach «oben», zur Engelsphäre hin, geöffnet sind.

Die Erlösung der Arme und Hände

Der Bewegungssinn gibt uns das Gefühl von *Beweglichkeit* (Dynamik) im Seelenraum; der Gleichgewichtssinn vermittelt das Innenraum- beziehungsweise Seelenraumerlebnis als solches, und zwar, wie gesagt, als Erlebnis des *Aufragens* in der Raumesmitte: als Urerlebnis der Symmetrie (Statik). So wirken diese beiden Sinne zusammen und geben uns Kunde von unserer geistig-seelischen Verfassung *im Verhältnis zum Physisch-Leiblichen* und damit im Verhältnis zur Umgebung, denn physisch-leiblich sind wir in die irdischen Umgebungsverhältnisse und die dort waltenden Gesetze eingeschaltet und nehmen als geistig-seelische Wesen vermöge unserer basalen Sinne die Art und Weise dieses Eingeschaltetseins, aber auch die Art und Weise des *Nicht*eingeschaltetseins, des partiellen Herausgehobenseins aus diesen Gesetzen, wahr.

Durch den Bewegungssinn nehmen wir schon recht deutlich dieses Herausgehobensein wahr als «Empfindung des eigenen freien Seelischen», aber es ist, wie wir gesehen haben, doch eine sehr stark umwelt- und situationsbezogene Dynamik, die wir da wahrnehmen. Das Gefühl der freien Beweglichkeit im Seelenraum entsteht, wie ich sagte, im lebendigen Wechselverkehr mit dem «bewegten und bewegenden Weltgeschehen», also es handelt sich um dezidiert *zeitgebundene* Erlebnisse, wenngleich eine Essenz davon als zeitunabhängiges beziehungsweise situationsunabhängiges «freiheitsgestimmtes Weltverhältnis» sich allmählich sozusagen ablagert und beständiger Seelenbesitz wird.

Beim Gleichgewichtssinn verhält es sich anders. Durch ihn nehmen wir noch wesentlich deutlicher als durch den Bewegungssinn das Herausgehobensein aus der Körperlichkeit wahr, als Aufrichtekraft, Schwerelosigkeit (nicht zufällig sagt Rudolf Steiner: «Ich könnte *durch die Luft fliegen* und würde ruhig derselbe bleiben»), *zeitunabhängiges* Gefühl des Aufgerichtetseins im Seelenraum: «Das ist schon ganz seelisch: Wir empfinden das als innere Ruhe» (Steiner). Dass wir uns frei bewegen können, ist die Wirkung des Seelischen im Physisch-Leiblichen, dass wir uns aufrichten können, ist die Wirkung des Geistigen im Physisch-Leiblichen, die Wirkung unserer nach oben, zum Engel hin geöffneten Ich-Wesenheit.

Genauer betrachtet, entsteht das Gefühl der Bewegungsfreiheit dadurch, dass unser Seelisches mit unseren Lebensprozessen zusammenwirkt, und das «Sich-als-Geist-Fühlen» resultiert daraus, dass das Ich im physischen Leib wirkt. Aber allzu weit brauchen wir es mit der Wesensgliederkunde nicht zu treiben, um zu verstehen, worauf es für die Kinder ankommt. Darüber hat Rudolf Steiner im zweiten Vortrag seiner *Pädagogischen Praxis vom Gesichtspunkte geisteswissenschaftlicher Menschenerkenntnis,* aus der ich ausnahmsweise etwas länger zitieren will, das Folgende ausgeführt: «Sehen Sie, Gehen ist zunächst etwas, was wir im Leben so populär zusammenfassen. Es liegt aber darin unendlich viel mehr, als dass das Kind bloß vom Fortkriechen sich aufrichtet zu derjenigen Art von Gehen, die es sich später aneignet für das ganze Leben. In diesem Gehenlernen liegt das Einstellen des Menschen, das Orientieren des Menschen in der Weise, dass sich das ganze Gleichgewicht des eigenen Organismus und aller seiner Bewegungsmöglichkeiten einordnet in das Gleichgewicht und die Bewegungsmöglichkeiten des Weltenalls, soweit wir drinnenstehen. Wir suchen, während wir gehen lernen, die dem Menschen entsprechende Gleichgewichtslage zum Weltenall. Wir suchen, während wir gehen lernen, jene eigentümlichen, nur beim Menschen auftretenden Verhältnisse zwischen der Betätigung der Arme und Hände und der Betätigung der anderen Gliedmaßen. Jenes Zugeteiltwerden der Arme und Hände zu dem seelischen Leben, während die Beine zurückbleiben und dem körperlichen Bewegen weiter dienen, das ist etwas ungeheuer Bedeutungsvolles für das ganze spätere Leben. Denn die Differenzierung in die Tätigkeiten der Beine und Füße und in die Tätigkeiten der Arme und Hände ist das Aufsuchen des seelischen Gleichgewichts für das Leben. Zunächst suchen wir das physische Gleichgewicht im Aufrichten, aber im Freiwerden der Betätigung der Arme und Hände suchen wir das seelische Gleichgewicht. – Man müsste eigentlich sagen: Die Statik und Dynamik des inneren Menschen in Bezug auf das Weltenall lernen: das ist Gehenlernen.» Und etwas später: «Da, wo Gehen gelernt, wo Dynamik und Statik angeeignet wird, da nimmt der Mensch aus seiner Umgebung den Geist auf.»

Sie sehen wiederum: Wir sind in Bezug auf den Gleichgewichtssinn dann gut orientiert, wenn das Verhältnis zwischen dem «oberen» und dem «unteren» Menschen in einer bestimmten Art geordnet ist. Diese Ordnung muss eine solche sein, dass einerseits das Gefühl der freien Beweglichkeit im Seelenraum gegeben ist, andererseits das Innenraumgefühl selbst als zeitenthobenes Gefühl des Drinnenstehens in der Weltensymmetrie. Die aufrichtende Lichtkraft ergreift den physischen Leib (Beine und Füße) als «statische» Kraft und befreit die «Dynamis» (= Vermögen, Fähigkeit) der Arme und Hände, sodass sich der Mensch mit seinen oberen Gliedmaßen in die kosmischen Bewegungsgesetze eingliedern kann. Dies zusammen kommt zum Erlebnis als das «Aufragen» in der Mitte (Statik) und das «Raumüberwindende» (Dynamik). Das statische Erlebnis rührt von den unteren Gliedmaßen her, das dynamische von den oberen, im Brustraum angesiedelten. Erst wenn sich diese herausgehoben haben aus dem unteren, erdverhafteten Bereich, kann sich einstellen, was wir als «Empfindung des eigenen freien Seelischen» im Zusammenhang mit dem Bewegungssinn beschrieben haben. Die gleichgewichtsbedingte Autarkie der Arme und Hände tut sich, wie gesagt, als Erlebnis eines *Vermögens* kund, welches die durch den Bewegungssinn vermittelte Eigenwahrnehmung (in der aktuellen Bewegung) und das Gefühl der Anpassungs- und Koordinationsfähigkeit (das «freiheitsgestimmte Weltverhältnis») in sich einschließt.

Gleichgewichtssinn und Urteilskraft

Wir sehen wiederum, wie sich Gleichgewichts- und Bewegungssinn durchdringen. Das «seelische Gleichgewicht im Leben» beruht darauf, dass der obere Mensch im unteren Menschen gehalten und zugleich aus ihm herausgehoben ist, sodass er ihn durchdringt, aber nicht von ihm absorbiert wird, sondern ihn aufrichtet und über ihn hinauswächst. «Zunächst suchen wir das physische Gleichgewicht im Aufrichten, aber im Freiwerden der Betätigung der Arme und Hände suchen wir das seelische Gleichgewicht.» Der Geist, der dabei, wie Steiner sagt, «aufgenommen wird», kann vermöge der Engelwirksamkeit aufgenommen werden. Der Engel ist gewissermaßen der Transmitter, durch den «das Gleichgewicht und die Bewegungs*möglichkeiten* des Weltenalls» in uns einstrahlen (Hervorh. H.K.). Dies geschieht wiederum in der Nacht, wenn sich die höheren Wesensglieder («Ich und Astralleib» heißt es im anthroposophischen Sprachgebrauch) aus der physisch-leiblichen Gebundenheit lösen und gewissermaßen «aufladen» mit den Kräften, die notwendig sind, um jeden Morgen wieder aufstehen und gehen zu können.

Wenn wir schon von Rudolf Steiner ermutigt werden, physikalische Begriffe zur Veranschaulichung dieser Zusammenhänge zu verwenden, dürfen wir wohl auch von «aufladen» sprechen, aber natürlich ist weder die «Statik» des Gleichgewichts beim Menschen identisch mit derjenigen etwa bei einem Bauwerk (sonst stünden wir vor der Alternative, entweder auf die freie Beweglichkeit zu verzichten oder von jedem Windstoß umgeblasen zu werden), noch werden Ich und Astralleib mit höheren Kräften «aufgeladen» wie eine Batterie mit Strom, sondern es handelt sich in der Tat darum, dass der Mensch, namentlich das Kind (beim Erwachsenen ist diesbezüglich die Abhängigkeit geringer), im Schlaf *unterwiesen* wird: unterwiesen darin, wie sich im richtigen Wechselspiel zwischen lösend-entspannenden und koordinativen Leistungen freie Beweglichkeit entfallen kann, und unterwiesen darin, wie Statik und Dynamik so aufeinander abzustimmen sind, dass im Aufrichteprozess Schwere (Bodenhaftung) und Leichte (Emanzipation der oberen Gliedmaßen) ein ausgewogenes Verhältnis zueinander finden. Das sind die Unterweisungen des Engels in Bezug auf den Bewegungs-Gleichgewichtssinn-Komplex.

Wir nehmen uns vermittelst dieser Sinne eigentlich selbst wahr in der Umsetzung dessen, was wir in den Bewusstseinszuständen lernen, an die wir mit unserem denkenden Erinnerungsvermögen nicht heranreichen, obgleich sie rund ein Drittel unseres Lebens ausmachen. Der nächtlichen Gleichgewichtsunterweisung verdanken wir im Wachzustand nicht nur die Fähigkeit, uns aufzurichten, sondern auch die fortwirkende Empfänglichkeit für das Geistige, das im Umkreis waltet und die räumlich-gegenständliche Welt organisiert. Was in Physik, Mathematik, Astronomie und so weiter beschrieben wird, nicht was da spekuliert wird, sondern was sich der denkenden Überschau als Gesetzmäßigkeit erschließt, das sind ja eigentlich universelle, göttliche Prinzipien. Für diese universellen Prinzipien hätten wir ohne den Gleichgewichtssinn keine Auffassungsgabe. Wir würden ohne ihn die räumlich-gegenständliche Welt nicht als ein in sich geordnetes Gefüge erleben, sondern als unzusammenhängendes Konglomerat von wechselnden Vorgängen und Zuständen. Mit anderen Worten: Wir könnten gar kein klares Denken ausbilden, wenn wir den Gleichgewichtssinn nicht hätten.

«Ohne dass ein Sinn uns vermitteln würde [das] Stehen im Gleichgewichte oder [das] Schweben und Tanzen im Gleichgewichte, ohne dies würden wir durchaus nicht unser Bewusstsein vollständig aufbauen können» (Steiner). Lapidar gesprochen: Wenn Ihnen schwindlig wird, verlieren Sie die Übersicht. Die exakten Wissenschaften wären ohne den Gleichgewichtssinn gar nicht entstanden. Wir könnten ohne ihn nicht erwerben, was im «Freiwerden der Betätigung der Arme und Hände» urbildlich zum Ausdruck kommt: die Urteilskraft. Diese entfaltet sich urphänomenal in der Polarität zwischen Leichte und Schwere, Vertikale und Horizontale. Wenn Sie im Gleichgewichtsfeld gut orientiert sind, gibt es in Bezug auf unten und oben, Vertikale und Horizontale (dann auch «hier und dort», wobei allerdings der Differenzaspekt des Tastsinnes entscheidend mitwirkt) *keinen Zweifel*. Thomas Göbel schreibt in seinen *Quellen der Kunst:* «Die Absolutheit des Geistes findet sich auch in den Phänomenen des Sinnes wieder, der ihm dient: Die Wahrnehmungen des Gleichgewichtssinnes sind im absoluten Sinn immer eindeutig. Mischphänomene treten nicht auf.»

Seelengleichgewicht und Gerechtigkeitssinn

Die Arme und Hände «wägen ab», oder besser gesagt: Was in unseren Armen und Händen lebt, wenn sie nicht durch eine bestimmte Tätigkeit gebunden sind, ist die innere «abwägende» Urteilskraft. Sie erleben das daran, dass Sie, wenn Sie sich in irgendeinem Entscheidungsfalle unsicher fühlen oder die Ambivalenz einer Sache zum Ausdruck bringen wollen, instinktiv wägende Bewegungen mit Händen und Armen vollführen. Das tut man ganz automatisch, und es spricht sich ein ganz wesentlicher Aspekt des Gleichgewichtsempfindens darin aus. Denn warum haben wir eigentlich das Bedürfnis, zum Beispiel Widersprüche nicht einfach auf sich beruhen zu lassen, sondern zu einem Urteil zu kommen, das heißt zu einer Anschauung, die den Widerspruch aufhebt oder überwölbt, in der also das zunächst unvereinbar

Erscheinende, divergent Auseinanderstrebende, in beziehungslose Einzelteile Zerfallene zusammenkomponiert wird? Dieses Bedürfnis beruht darauf, dass wir immer bestrebt sind, das Gleichgewicht herzustellen. Wir fühlen uns aus dem Gleichgewicht gebracht, wenn wir vor einem unlösbaren Widerspruch oder einer krassen Einseitigkeit stehen, und streben nach Wiederherstellung der Symmetrie in unserem Fühlen und Denken.

Also versuchen wir instinktiv, uns innerlich «aufzurichten», um Übersicht zu gewinnen und die Situation für uns selbst so zu ordnen, dass wir sie wieder als im Einklang stehend empfinden mit dem Gleichgewicht und den Bewegungsgesetzen des Kosmos: mit der göttlichen Weltordnung, wenn Sie mir diesen etwas feierlichen Ausdruck gestatten. Aber es stimmt ja: Wir haben durch den Gleichgewichtssinn ein inneres Gefühl für die göttliche Weltordnung. Dies betrifft nicht nur die Ordnung im Raum-Zeit-Kontinuum und das im Raum-Zeit-Kontinuum sich entfaltende Denken, sondern auch das, was von alters her die herausragendsten Köpfe in Metaphysik und Ethik zu ergründen sich bemühten.

Ich will jetzt nicht über die moralische Weltordnung und die diesbezügliche Rolle des in die Freiheit gestellten Menschen philosophieren, das können andere besser; sondern ich will nur auf das Phänomen hinweisen, dass wir auch in Hinsicht auf Recht und Unrecht ein Gespür von Synchronismus und Anachronismus haben. Dieses Gespür nennen wir «Gerechtigkeitssinn», und der Gerechtigkeitssinn ist nichts anderes als eine Sublimation des Gleichgewichtssinnes in engem Zusammenhang mit der durch den Bewegungssinn vermittelten Fähigkeit der Empathie. Einfühlungsvermögen und Mitleidskraft sind zwar unauflöslich verbunden mit dem Gerechtigkeitsgefühl, jedoch nicht mit ihm identisch. Denn das Gerechtigkeitsgefühl ist das Symmetriegefühl auf der moralischen Ebene: das innere Bestreben, dort, wo ein

Menschenschicksal zu wenig wiegt gegenüber einem anderen, die Waagschale zu beschweren, für Ausgleich zu sorgen. Der wahre Gerechtigkeitssinn strebt nicht nach Bestrafung und Sühne, sondern danach, der Würde des Menschen dort das ihr zukommende Gewicht zu verleihen, wo sie missachtet wird.

Dazu braucht man die Empathie, damit kein starres, theoretisches Prinzip daraus wird. Ich möchte an dieser Stelle sagen: Seitdem Christus auf der Erde gewirkt hat, ist Gerechtigkeit ohne Empathie kein glaubwürdiges Prinzip mehr. Aber man braucht mehr als die Empathie: Man braucht ein von Empathie durchdrungenes Auffassungsvermögen für das, was in moralischer Hinsicht «die dem Menschen entsprechende Gleichgewichtslage zum Weltenall» ist.

Und so arbeiten wir eben, wenn wir den Gleichgewichts- und Bewegungssinn des Kindes pflegen und damit sein «seelisches Gleichgewicht für das Leben» vorbereiten, wenn wir ihm helfen, seine Arme und Hände, seinen ganzen Brustraum herauszuheben aus der Erdenschwere, zusammen mit seinem Engel daran, dass es später ein sicheres Gefühl für die Achtung der Menschenwürde entwickeln kann: den Gerechtigkeitssinn. Mitleidskraft und Gerechtigkeitssinn sind die beiden moralisch-sozialen Fähigkeiten, die zusammenhängen mit dem Bewegungs-Gleichgewichtssinn-Komplex, so wie Toleranz und Fürsorglichkeit mit dem Lebens-Tastsinn-Komplex zusammenhängen.

Wenn Sie das alles überschauen, werden Sie bemerken: Es sind vier Aspekte dessen, was im christlichen Ideal der Nächstenliebe zur Einheit verschmilzt. Nun könnte ja der Einwand vorgebracht werden: Ist das nicht eigentlich recht materialistisch gedacht, zum Beispiel die hohe Qualität des Gerechtigkeitssinnes kurzerhand als sublimiertes Symmetriegefühl abzutun? Wer dies einwenden wollte, dem würde ich zu bedenken geben, dass wir uns ja eingangs auf eine bestimmte Sichtweise geeinigt haben, um solche

Missverständnisse zu vermeiden: Die moralische Qualität ist zwar im Zeitfortgang das, was zuletzt erscheint; aber das zuletzt Erscheinende ist das primäre innere Motiv.

Darum geht es ja gerade: Der lichtend-integrierende Engelbeistand, wie wir in Hinsicht auf den Gleichgewichtssinn sagen können (lichthaft ist die Aufrichtekraft, integrierend, das heißt «Zerfallendes zur Einheit zusammenfügend», das Raum- und Symmetriegefühl), ist *angelegt* auf die moralische Qualität. Entwicklung des Gleichgewichtssinnes beim Kind: das ist gleichbedeutend mit der nachahmungsbereiten Hingeneigtheit zu allem, was das Gerechtigkeitsgefühl befriedigt.

Das Kind erlebt den lichtend-integrierenden Engelbeistand tief unbewusst als das Berührtwerden von der zur Liebekraft gesteigerten Urteilssicherheit: der höheren Gerechtigkeit. Und es trägt uns die sehnsuchtsvolle Erwartung entgegen, etwas von dieser Qualität wiederzufinden in der Art, wie wir im Leben stehen und miteinander umgehen. Wenn das Gerechtigkeitsideal in uns lebt, nicht als Kopfgeburt, sondern als aufrichtiges soziales Bemühen, dann wirken wir damit orientierend auf den Gleichgewichtssinn des Kindes. Und gerade so, wie wir für eine tolerante Gesinnung zunächst einmal die Geduld entwickeln müssen, für eine fürsorgliche Lebenseinstellung das anteilnehmende Interesse und für die Mitleidskraft die innere Beweglichkeit, verlangt der Gerechtigkeitssinn ein gewisses Maß an Ausgewogenheit des Urteils, eine gewisse innere Ausgeglichenheit, die noch über das hinausgeht, was die durch den Lebenssinn vermittelte Ruhe ist. Denn letztere genügt doch gewissermaßen sich selbst, man kann sie in völliger Weltabgeschiedenheit kultivieren, und erst im Sich-Hintasten zu den Dingen und Menschen, im Sich-Mitbewegen mit anderen entfaltet sie ihre dialogischen und sozialen Qualitäten.

Die vom Gleichgewichtssinn herrührende Ruhelage ist von vornherein auf Öffnung und Beziehung angelegt; zwar ist das innere Raum- und Symmetriegefühl beim Erwachsenen autark (beim Kind noch nicht), aber es *entsteht* dadurch, dass sich der Mensch «selbst ... seine Gleichgewichtslage im Raume gibt, ... sich selbst in ein Verhältnis zur Schwerkraft [bringt]», wie Rudolf Steiner betonte. Scheurle schreibt: «Die Korrespondenz von eigenem Körpergleichgewicht und Umwelt ist vollkommen ... Gerade hier wird die untrennbare Einheit von Welt und Selbst im Sinnesleben offenbar.» So ist auch die innere Ausgeglichenheit, das «Seelengleichgewicht», eine erst im Verhältnis zur Umwelt und den Mitmenschen sich bewahrheitende Qualität. Sie findet im Verhalten ihren Niederschlag als Umsicht, Entscheidungs- und Urteilssicherheit, ruhige Zielstrebigkeit, Ordnungssinn (womit nicht die pedantische, zwanghafte Ordnungsbeflissenheit gemeint ist, die eher einen Mangel an innerem Gleichgewicht anzeigt) und die Fähigkeit, Situationen zu überblicken.

Was Sie ausstrahlen, wenn Sie innerlich entsprechend gut ausbalanciert sind, ist etwas unerhört Vertrauenerweckendes, Zuversicht Vermittelndes, was sich beim Kind direkt stabilisierend auf die Gleichgewichtsverhältnisse auswirkt – nicht etwa nur auf die seelischen, sondern auch auf die körperlichen Gleichgewichtsverhältnisse. Ich weiß sehr gut, wie schwer das ist; denken Sie nur nicht, ich wollte mich hier als ein durch eigene, vorbildliche Lebensführung autorisierter Moralprediger vor Sie hinstellen. Aber man muss, um zu einer gesunden, das heißt konstruktiven Selbstkritik fähig zu sein, immerhin wissen, worauf es ankommt. Und da darf man sich eben, was die Entwicklung des Gleichgewichtssinnes beim Kind angeht, keinen Illusionen hingeben in Bezug auf die Bedeutung des *eigenen* Seelengleichgewichts bis hin zu der Frage: Wie glaubwürdig oder unglaubwürdig, zuverlässig oder unzuverlässig bin ich in alledem, was mit Recht und Unrecht zusammenhängt? Nicht das Predigen über Gerechtigkeit ist in dieser Hinsicht erzieherisch wirksam, sondern das eigene

Bemühen um Geradlinigkeit in moralischen Angelegenheiten, das Sich-führen-Lassen vom eigenen Rechtsempfinden, das ja in uns allen drinnensteckt.

Darin liegt das Problem in den seltensten Fällen, dass es etwa nicht in uns drinnensteckte, sondern das Problem liegt in der Versuchung, sich von diesem Empfinden, von dieser Gewissensstimme oftmals nicht genügend leiten zu lassen, sich geradezu von ihr belästigt zu fühlen. Man muss kein Übermensch werden, um seinen Elternberuf gut auszuüben, das ganz gewiss nicht, und wo solch abgehobenes Übermenschtum den Kindern vorgespielt, man muss eigentlich sagen: vorgelogen wird, da schüchtert man sie nur ein und untergräbt ihr Vertrauen (denn sie spüren wohl, was echt und unecht ist). Aber daran, dass in der Erziehung vieles abhängt von der Selbsterziehung des Erziehers, kommen wir nicht vorbei. Ich sagte es schon: Die kleinen Kinder schauen noch nicht wie wir Erwachsenen immerzu auf die *Ergebnisse*, auf den *Ertrag* und so weiter, sondern sie spüren das aufrichtige *Bemühen.* «Das Bild des Gleichgewichts, die Waage, ist ein uraltes Symbol der Gerechtigkeit» (Scheurle).

Indem Sie sich, liebe Eltern, zu dieser Qualität innerlich hinwenden und versuchen, diesbezüglich eine gewisse Seelenkultur zu pflegen, also wirklich dem Kind «gerecht zu werden», sich überhaupt um eine Grundhaltung von Vorurteilslosigkeit und Gerechtigkeit im Umgang mit anderen Menschen zu bemühen, pflegen Sie den Gleichgewichtssinn des Kindes. Und indem Sie *diesen* pflegen, leisten Sie Moralerziehung für die Zukunft. Im Jetzt und Hier können Sie vom kleinen Kind kein Gerechtigkeitsgefühl erwarten. Das sitzt noch ganz tief im Unterbewusstsein als Botschaft des Engels und «arbeitet» von der Nachtseite her am Gleichgewichtsgefüge. Aber Sie können mit der nachahmenden Hingeneigtheit des Kindes zu alledem rechnen, wodurch *Ihre* zur Liebekraft gesteigerte Urteilssicherheit, *Ihr* Gerechtigkeitssinn zum Ausdruck kommt. So arbeiten Sie von der Tagseite her daran mit, dass das Kind sein Gleichgewicht findet und den Gerechtigkeitssinn später als etwas ganz Selbstverständliches in sich finden wird.

«Die Gnadengabe des Gehens»: von der Führungsrolle des Gleichgewichtssinnes

Man kann nach meiner Erfahrung nicht so, wie man es bei den anderen Sinnen kann, einen «Typus» des latent in seinem Gleichgewichtssinn gestörten Kindes abgrenzen. Dass die traurig-grüblerischen Kinder durch ihre Bewegungssinn-Schwäche auch in ihrer Gleichgewichtsorientierung beeinträchtigt sind, liegt auf der Hand. Aber auch die unruhig-nervösen und die ängstlich-zaghaften Kinder sind notgedrungen nicht gut gefügt in ihrem Seelengleichgewicht. So, wie wir den Gleichgewichtssinn betrachtet haben, erweist er sich als derjenige Sinn, durch den ganz grundsätzlich die Gegenwart des Engels, seine Wirksamkeit im Leib-Seele-Gefüge, erlebbar wird. Ordnend-harmonisierend, formend-konfigurierend, lösend-koordinierend – das sind verschiedene Aspekte der *einen* höheren, lichtenden und integrierenden Gestaltungskraft, die im Inkarnationsprozess waltet und das «seelische Gleichgewicht im Leben» begründet. Wenn das Kind beginnt, sich als ein «Ich» zu benennen, ist der Gleichgewichtssinn auf einer ersten Stufe ausgereift als Zeugnis dafür, dass sich die Kraft, die im Aufbau des Lebens-, Tast- und Bewegungssinnes verborgen tätig war, nun in ihrem Eigenwesen offenbart.

Karl König, der große Pionier in der Begründung einer heilpädagogischen Sinneslehre, hat dazu in *Die ersten drei Jahre des*

Kindes geschrieben: Durch den Erwerb des Gleichgewichts «hebt sich das Haupt in die Höhe und reicht in das Licht hinein. Der Gegensatz zwischen Licht und Schwere im Bilde der aufrechten Haltung ist erreicht. Dieses Neue kann gar nicht anders als im Zusammenhang mit demjenigen Glied der Menschenwesenheit gesehen werden, das Rudolf Steiner als ‹Ich› bezeichnet und das dem Menschen und keinem anderen Geschöpf auf Erden zugeschrieben werden muss. Dieses Ich ermöglicht es, dass jedem Menschenkind die Gnadengabe des Gehens zuteil werden kann. [Es] ordnen sich alle anderen Bewegungsformen um die eine große Gestalt, die als Aufrichtekraft erscheint und die im Augenblick, da sie auftritt, Ordnung und Führung veranlasst.» Bei der Geburt bringt das Kind diese «Gnadengabe» aus der Engelsphäre mit, und Nacht für Nacht kehrt es dorthin zurück, um sich des Geschenkes zu versichern. Was den Zusammenhang mit den übrigen basalen Sinnen betrifft, ist deutlich, dass weder die vitale noch die tastende und dynamische Eigenwahrnehmung irgendeine Bedeutung für die Bewusstseinsentwicklung hätten ohne das aufgerichtete, sich selbst in der Aufgerichtetheit wahrnehmende Subjekt. Scheurle bezeichnet den Gleichgewichtssinn als «obersten Ordner der somatischen Sphäre» und stellt fest: «Bewegen, Tasten, die Lebensempfindungen des Behagens, durch die uns der Leib bewusst wird, werden letztlich immer wieder von der spezifischen Empfindung der Symmetrie und der inneren Richtung gelenkt.» Als Resümee können wir mit Göbel sagen: «Der Gleichgewichtssinn bildet die Tore, die das Ich durchschreitet, um seinen Tagesrhythmus zwischen dem wachen Zustand im Leibe und dem schlafenden, aus dem Leibe herausgezogenen Zustand durchleben zu können.»

Sie fördern den Gleichgewichtssinn des Kindes (abgesehen von dem, was wir in Hinsicht auf die Erziehungshaltung und Lebenseinstellung gesagt haben), indem Sie *alles* das berücksichtigen, was für die Pflege der übrigen Leibessinne, namentlich des Bewegungssinnes, in Betracht kommt. Eine latente Schwäche des Gleichgewichtssinns geht immer einher mit einer Schwächung im gesamten unteren Sinnesspektrum, wobei zu beachten ist, wo die *Haupt*schwierigkeit liegt. Wenn ein kleines Kind zum Beispiel nicht richtig nachahmt, sondern ganz in sich versunken bleibt, dann muss das Augenmerk besonders auf den Bewegungssinn gerichtet werden; wenn hingegen statt der gesunden, kreativen Nachahmung ein unnatürliches Angepasstsein vielleicht bis ins fünfte, sechste Lebensjahr hinein fortgeschleppt wird, ohne dass eine kräftige Trotzphase dazwischenkäme, wenn also das Kind bis in die Schulzeit noch nahezu abgrenzungslos mit der Umgebung «anschmiegsam» mitlebt, dann müssen wir vor allem den Tastsinn beachten. Wenn schließlich, drittens, das Nachahmungsverlangen zwar vorhanden ist, aber ständig durchkreuzt wird durch eine in die Bewegung hineinschießende innere Unruhe und Zappeligkeit, und wenn Sie beobachten, dass diese Unruhe von den Außenwelteindrücken herrührt, von denen das Kind so attackiert wird, dass es gewissermaßen ununterbrochen trotzen, ununterbrochen dagegen anzappeln muss mit seinem ganzen körperlich-seelischen Wesen, sei es gegen die aufgenommene Nahrung, sei es gegen optische oder akustische Affizierungen, dann gilt es, wiederum auf den Bewegungssinn zu achten, auch auf den Tastsinn, aber primär liegt hier eine Lebenssinnstörung vor.

In allen diesen Fällen, die ich nur als Beispiele anführe, ist der Gleichgewichtssinn in Mitleidenschaft gezogen; und wenn die Kernproblematik erkennbar in der Gleichgewichtsentwicklung selbst liegt, wenn sich also ein Kind von Anfang an nicht richtig aufrichtet und gar nicht (oder nur sehr verzögert) zum Stehen und Gehen kommt, obwohl es in einer kindgerechten Umgebung heranwächst, sodass grobe Vernachlässigung oder Misshandlungen als Gründe ausscheiden, dann haben wir es in der Regel mit einer zentralnervösen Vorschädigung beziehungsweise, anthroposophisch gesprochen, mit einer partiellen Undurchdringlichkeit des Leibesinstrumentes für die höheren Wesensglieder zu tun, die heilpädagogisch so zu behandeln ist, dass man grundsätzlich alle vier «unteren Sinne» in ein entsprechendes Übungsprogramm einbezieht, wie es Dieter Schulz in seinem schon erwähnten Büchlein zur Frühförderung beschrieben hat.

Seelengleichgewicht und Selbstwertgefühl

Obwohl sich also ein Typus des latent Gleichgewichtssinngestörten Kindes nicht klar abgrenzen lässt gegenüber den primär im Lebens-, Tast- oder Bewegungssinn beeinträchtigten Kindern, sondern jede Erschwernis im Inkarnationsprozess per se eine Gleichgewichtsschwäche mit sich bringt, kann man doch fragen, wie sich das mangelnde Seelengleichgewicht in Verbindung mit den drei Grundstörungen, die wir kennengelernt haben, auswirkt. Und da wird man eben hinblicken müssen auf den Aufrichtevorgang selbst, auf das, was Karl König meinte, wenn er schrieb: «[Es] hebt sich das Haupt in die Höhe und reicht in das Licht hinein.» Damit ist etwas sehr Bedeutsames ausgesagt über eine selbstempfindende Qualität, um die heutzutage viel Aufhebens gemacht wird: über das sogenannte «Selbstwertgefühl». Was im geläufigen Psychojargon so bezeichnet und meistens mit ziemlich untauglichen Mitteln eher kosmetisch aufgeputzt als wirklich gestärkt wird (etwa nach dem Motto: Sage dir jeden Tag hundertmal, dass du dich ganz toll findest), ist nichts als jenes «Sich-als-Geist-Fühlen», von dem Rudolf Steiner sagte, es sei die ins Seelische heraufgestrahlte Wirkung des Gleichgewichtssinnes.

Die unruhig-nervösen, ängstlich-zaghaften und traurig-grüblerischen Kinder haben alle auf ihre Art ein beschädigtes Selbstwertgefühl! Erinnern wir uns: Die einen fühlen sich unerwünscht, die anderen im Stich gelassen, die dritten ausgeschlossen. Das sind verschiedene Ausdrucksformen des mangelnden inneren Gleichgewichts. Die betroffenen Kinder haben es schwer, «erhobenen Hauptes» durchs Leben zu schreiten, und es muss unsere vornehmste Aufgabe sein, ihnen durch unsere ganze Erziehungsgesinnung hierbei zu helfen: indem wir ihnen zeigen, dass sie unserer toleranten Wertschätzung, unserer interessierten Anteilnahme und unseres einfühlsamen Verständnisses in vollem Umfang versichert sein dürfen.

Das Selbstwertgefühl als das Gefühl des «Aufragens» und Durchlichtetseins ist identisch mit dem Erlebnis der freien Verfügbarkeit der Arme und Hände. Auch davon sind die im Bereich der Leibessinne orientierungsschwachen Kinder alle betroffen: Sie haben kein Vertrauen in ihre *Hand*lungsfähigkeit – die einen aus Unruhe, die anderen aus Verzagtheit, die dritten aus Verständnislosigkeit. Deshalb leiden sie unter Versagensgefühlen. Das ist ihre gemeinsame Bürde. Wir müssen sie ihnen abnehmen. Es obliegt uns, ihnen *Vertrauen in die Gestaltungskraft ihrer Hände* als Voraussetzung für ihr Selbstwertgefühl zu vermitteln. Das ist das pädagogische Grundmotiv für den Gleichgewichtssinn und damit für alle Orientierungsschwächen im Bereich der Leibessinne.

Der pädagogische Kardinalfehler besteht dementsprechend in der leider weit verbreiteten Unsitte, die von Versagensgefühlen geplagten Kinder ständig mit ihren Unzulänglichkeiten im Handlungsbereich zu konfrontieren. Statt kleine Erfolge nachdrücklich zu würdigen, unfertig Liegengebliebenes oder Missratenes ohne große Worte *mit* den Kindern zu einem befriedigenden Ende zu bringen und dann sie dafür zu loben (das wäre zum Beispiel in Kindergarten und Schule die wirklich *pädagogische* Haltung), wird allzu oft die aus Ungeschicklichkeit, Verzagtheit oder Unverständnis resultierende Schwäche den Kindern in moralisierender Art als Schuld angelastet: Sie seien faul, mit Vorsatz widerspenstig, unerzogen und so weiter.

Aber es gibt keine «mit Vorsatz», also aus reiner Böswilligkeit faulen oder widersetzlichen Kinder! Jedes Kind will eigentlich von Herzen gern alles gut machen und dafür Anerkennung finden. Ich sage Ihnen: Wir *machen* die Kinder erst zu Faulpelzen und widerspenstigen Wesen, indem wir ihnen ihre Not auch noch vorwerfen! Was soll denn so ein traurig-grüblerisches Kind, das immer nicht versteht, was man eigentlich von ihm will, um Himmels willen tun, wenn es bei jeder Gelegenheit hört, es sei ein ganz missratener, unaufmerksamer Faulpelz; wenn man ihm ständig die anderen, die Vorzeigeschüler als leuchtende Beispiele präsentiert?

Nach einiger Zeit wird ein solches Kind zu seinem eigenen Schutz vor Bloßstellung einfach die Mitarbeit verweigern! Wenn wir uns angewöhnen würden zu berücksichtigen, dass jedes Kind sein eigenes Maß hat, nach dem seine Leistungen zu bewerten sind, wären nicht nur die kinderpsychotherapeutischen Praxen wesentlich weniger überlaufen, sondern mancher katastrophale Lebensweg könnte verhindert werden.

Viele Verbrecher-, Sucht- oder Sektenkarrieren nehmen da ihren Anfang, wo die Wunde einer kindlichen Versagensangst durch erzieherische Unduldsamkeit und Lieblosigkeit so lange immer wieder aufgerissen wird, bis sie nie mehr heilt. Und hier müssen sich am allermeisten die Schulen angesprochen fühlen, wobei ich aufgrund dessen, was ich berufshalber ständig erlebe, zu meinem eigenen Leidwesen nicht sagen kann, dass in Bezug auf den verständnisvollen Umgang mit verhaltensauffälligen Kindern der drei Grundtypen, die wir besprochen haben, die Waldorfschulen den Staatsschulen besonders weit voraus wären. Man muss allerdings ausdrücklich die ermutigenden Ausnahmen in Gestalt herausragender Lehrerpersönlichkeiten erwähnen, denen man im Waldorfschulbereich häufiger begegnen kann als anderswo.

Alles in allem jedoch sind die Ausgrenzungen von Kindern, die nicht der Norm entsprechen, ein bedrückendes Kapitel, das nicht einzelnen Lehrerinnen oder Lehrern anzulasten ist, sondern auf der übergeordneten Ebene grundsätzlicher Gestaltungsfragen (Klassengröße, eventuelle Übernahme der Klassenhelferregelung aus dem Förderschulbereich, stärkere Gewichtung der Heilpädagogik in der Lehrerausbildung, Qualität der Lehrerausbildung überhaupt, beweglicherer Umgang mit dem Lehrplan u.v.m.) dringend einer Lösung zugeführt werden müsste. Denn es wird in Zukunft nicht weniger, sondern immer mehr Kinder geben, die einerseits einer besonderen Förderung bedürfen, andererseits nicht allesamt an Spezialschulen oder Heime weitergereicht werden können (und dürfen), schon weil sie gar nicht in die üblichen Behinderungskategorien passen, aber auch aus allgemeinen menschlichen Gesichtspunkten. Mit anderen Worten: Die Regelschule wird sich zur integrativen, partiell heilpädagogischen Schule entwickeln, ob wir es wollen oder nicht, und es stünde der Waldorfschulbewegung gut zu Gesicht, wenn sie mit Konzepten für diese unaufhaltsame Entwicklung nicht hinterherhinken, sondern (in einem Schulterschluss mit den Heilpädagogen) vorauseilend Zeichen setzen würde.

Zusammenfassung: Richtlinien für traurig-grüblerische Kinder

Vergegenwärtigen wir uns in der zusammenfassenden Übersicht noch einmal die richtungsweisenden Stichworte für die Erziehung traurig-grüblerischer Kinder, für die Pflege also des Bewegungs-Gleichgewichtssinn-Komplexes, wobei eben, wie wir gesehen haben, das, was den Gleichgewichtssinn betrifft, eine übergeordnete Bedeutung hat und für den gesamten unteren Sinnesbereich gilt, aber innerhalb dieser Gesamtheit besonders mit dem Bewegungssinn verknüpft ist. «Unser Gleichgewichts- und unser Bewegungssinn spielen eng und koordiniert zusammen», stellt Göbel fest. «Dieses Zusammenspiel [muss] zunächst betrachtet werden, um eine notwendige Unterscheidung treffen zu können.» Das haben wir getan. Als Grundregeln für diesen Bereich gelten:

- Nachahmung
- Ruhig geführte, sinnvolle Bewegung
- Freies Spiel der Arme und Hände
- Hineinführen ins Tänzerisch-Gebärdenhafte
- Balance / Symmetrie- und Raumgefühl
- Geformtes Sprechen / Rezitatorisches / Musik
- Erklärende Hilfen zur Situationsübersicht
- Geordnete praktische Arbeitsabläufe
- Bewusstes Einbeziehen ins Alltagsgeschehen
- Unsentimentale Empathie als Erziehungshaltung
- Mitleidskraft als vorbildliche Einstellung

Das sind die Richtlinien für Kinder, deren seelisches Ungleichgewicht vorwiegend mit einer latenten Bewegungssinnschwäche zusammenhängt.

Schlusswort: Pädagogik und Ethik

Ermutigung ist die pädagogische Maxime für unruhige, ängstliche und traurige Kinder; unsere *gelebte Achtung vor der Würde des Menschen* gibt ihnen Sicherheit. Diese Qualitäten müssen an die Stelle einer Pädagogik der manipulativen und normativen «Aufzucht» treten, wie sie auch heute noch vorherrscht. Wer, dem falschen Zeitgeist folgend, einen unzumutbaren Moralismus darin sieht, die gelebte Achtung vor der Menschenwürde – also den durchchristeten Gerechtigkeitssinn, dem es zuwiderläuft, wenn ein Menschenschicksal, ein Kinderschicksal, minder gewichtet und gewürdigt wird als das andere – zur Maxime einer Pädagogik auf der Höhe der Zeit zu erheben, muss sich fragen lassen, ob er befugt ist, über Fragen der Kindererziehung mitzureden. Immerhin wird, wer von Werten wie Toleranz, Fürsorglichkeit, Mitleidskraft und Gerechtigkeitssinn meint Abstand nehmen zu müssen als moderner Mensch, keinen Erkenntniszugang finden zu bestimmten, grundlegenden Phänomenen und Zusammenhängen des menschlichen Seelenlebens und nicht teilnehmen können am Entwurf einer zukünftigen, über materialistische Einseitigkeiten hinausweisenden Entwicklungspsychologie, wie wir sie hier noch ganz anfänglich in den Blick genommen haben.

Dass das Kind weder «sich allein erzieht», wie die antiautoritäre Pädagogik mit Feuereifer behauptet, noch einfach «von uns erzogen wird», wie die deterministische Denkweise unterstellt, sondern dass Erziehung zuvorderst das Werk des Engels ist, der aus himmlischen Quellen schöpft, und wir als Eltern, Pädagogen oder auch Heilerzieher und Therapeuten dieses Werk «nur» vervollständigen; dass also in der Tat jedes Kind seinen Engel, sein «höheres Selbst» hat und ihm von dorther nicht nur gelegentlich in besonders erstaunlichen Lebenssituationen, sondern fortwährend, Nacht für Nacht, Hilfe, Stärkung und Trost zuteil wird; dass Sie, liebe Eltern, Ihr Kind zuinnerst ermutigen, wenn Sie versuchen, bewusst an dieses Engelwirken anzuknüpfen und nicht zuzulassen, dass am Tage immer wieder zerfällt, was in der Nacht aufgebaut wird – das sind Ideen (und ich meine jetzt mit «Ideen» keine Fantasiegebilde, sondern Wahrheiten), an denen sich die Erziehungswissenschaft wird orientieren müssen, wenn es im sozialen Leben nicht zu Verwirrungen katastrophalen Ausmaßes kommen soll. Denn die Lösung der sozialen Frage findet in der Kinderstube und im Klassenzimmer statt, sonst nirgends.

Von dieser Überzeugung sollten wir uns durchdringen lassen. Die Lage der Kinder fordert uns heraus, ernst zu machen mit der «neuen Spiritualität», die dort beginnt, wo eine neue *Menschlichkeit* aus der Ehrfurcht vor dem Kind erwächst. Verlangen wir nicht immerfort in narzistischer Manier, dass die Kinder vor uns Ehrfurcht haben sollen, sondern rufen wir in uns erst einmal die Ehrfurcht vor *ihnen* und der durch sie sich offenbarenden Welt der Engel wach. Das andere fügt sich dann schon. Es ist schwer, aber Sie können heute damit beginnen. Das Bemühen zählt.

Literaturnachweis

Michaela Glöckler: *Elternsprechstunde*, Stuttgart 3. Auflage 1993.

Thomas Göbel: *Die Quellen der Kunst*, Dornach 1982.

Roswitha Heimann: *Der Rhythmus und seine Bedeutung für die Heilpädagogik*, Stuttgart 1989.

Henning Köhler: *Vom Rätsel der Angst*, Stuttgart 4. Auflage 2007.

Ders.: *Jugend im Zwiespalt*, Stuttgart 7. Auflage 2009.

Karl König: *Die ersten drei Jahre des Kindes*, Stuttgart 1957/2013.

Ders.: *Sinnesentwicklung und Leiberfahrung*, Stuttgart 3. Auflage 1986

Christoph Lindenberg (Hrsg.): *Rudolf Steiner, Themen aus dem Gesamtwerk: Zur Sinneslehre*, Stuttgart 5. Auflage 2004.

Hans Jürgen Scheurle: *Die Gesamtsinnesorganisation. Überwindung der Subjekt-Objekt-Spaltung in der Sinneslehre*, Stuttgart, 2. Auflage 1984.

Dieter Schulz: *Frühförderung in der Heilpädagogik*, Stuttgart 1991.

Rudolf Steiner: *Die geistig-seelischen Grundkräfte der Erziehungskunst*, GA 305, Dornach 3. Auflage 1991.

Ders.: *Allgemeine Menschenkunde als Grundlage der Pädagogik*, GA 293, Dornach 9. Auflage 1992.

Ders.: *Anthroposophie, ein Fragment*, GA 45, Dornach 5. Auflage 2009.

Ders.: *Die pädagogische Praxis vom Gesichtspunkte geisteswissenschaftlicher Menschenerkenntnis*, GA 306, Dornach 4. Auflage 1989.